居里夫人的故事

[英]埃列娜·杜尔利 —— 著
易乐文 —— 译

中国青年出版社

作者序

居里夫人的女儿曾为母亲的一生作传，文辞生动，情真意切，难以超越。带着最崇高的敬意，我斗胆从书中进行摘录和选取，编写了这本更为简短的书籍，以供少年儿童阅读。

在16岁前，我们就应该主动去了解最杰出的伟人，了解他们的生平事迹和丰功伟业。然而，完整的传记难免冗长而深刻，未经丰富的阅历和漫长的岁月，很难读懂。

罗伯特·吉宾斯还为本书绘制了精美的插画，希望这本简洁美观的《居里夫人的故事》能够帮助少年儿童读者从居里夫人的生平中获得不亚于成年人的启发和鼓舞，促使他们下定决心："我们不会错过这位伟大女性的一言一行，一点一滴。我们还要阅读艾芙·居里的《居里夫人传》。"

埃列娜·杜尔利
1939年3月于沃里克

目 录

第一章　玛尼亚唱歌 —— 001
第二章　玛尼亚上学 —— 009
第三章　反叛者 —— 019
第四章　一整年的假期 —— 027
第五章　心系人民 —— 039
第六章　不幸中的万幸 —— 053
第七章　变　化 —— 061
第八章　"我抓住太阳，又把它扔了……" —— 069
第九章　玛丽的爱情故事 —— 085
第十章　玛丽·居里 —— 097
第十一章　伟大的发现 —— 109
第十二章　黑暗中的光 —— 119
第十三章　非卖品 —— 129
第十四章　黑　暗 —— 137
第十五章　无论发生什么 —— 147

第十六章	战　争	159
第十七章	在家里	169
第十八章	在国外	177
第十九章	度　假	187

第一章
玛尼亚唱歌

为什么不可以呢？为什么？到底为什么不许玛尼亚读书呢？玛尼亚在心中呐喊。不过她不想问温柔美丽的母亲，只是任凭自己顽固的小脑袋疑惑不解。一双明亮的灰蓝色眼睛穿过浓密的金发，射出锐利的目光。

事情总是如此！她言语试探着："我可以读书吗？"或小心翼翼把手伸向书本，可耳边马上就会传来："亲爱的玛尼亚，快到花园去玩"，或是"你一整天没抱过你的娃娃啦"，又或是"快用那些漂亮的积木给我盖个房子吧"。玛尼亚早就识破了他们的小把戏。读书就是"顽皮"，玛尼亚读书就是"顽皮"，布洛妮亚读书就不是；可明明会读书的是自己，布洛妮亚才不会呢。虽然令人费解，但很明显问题出在那天，她从布洛妮亚手中抢走了那本书，尽管并没有恶意。当时她们在叔叔的果园里，布洛妮亚邀请她玩字母卡片打发时间，因为除了躺在草地上把字母卡片拼成单词之外无事可做。她们回到家后，有一天，父亲对布洛妮亚说："让我看看你们书读得怎么样了。"布洛妮亚站起身，捧着书，磕磕巴巴地读了起来。玛尼亚见状，一把抢过来，一字不误地大声读了出来。"玛尼亚！"她的母亲大呼，语气中满是震惊。布洛妮亚生着闷气，父亲则一言不发。玛尼亚不知该如何是好，只能边哭边道歉："对不起……玛尼亚不是故意的"。

从那天开始，玛尼亚就被禁止阅读了。她站在母亲的房门外犹豫着，思考着该如何是好。约瑟夫和海拉的"堡垒"之间爆发了巨大战争，整个早晨，她都穿梭在长长的宿舍走廊为布洛妮亚运送"弹药"。堡垒由积木建成，弹药当然也是积木了。很快，她又热又累，筋疲力尽。对她而言，游戏就到此为止了。她只想找到姐姐，然后跟她一起去花园。"佐西亚！……佐西亚！"她边喊着边穿过屋子，很快两人便手牵手去玩耍了。12岁的佐西亚在其他4个孩子眼中已经是大人了，约瑟夫、海拉、布洛妮亚也已经年满8岁，玛尼亚4岁开始学习阅读，上面我们说到的小插曲发生在她5岁的时候。不让玛尼亚读书的原因很简单，斯科洛多夫斯基先生和夫人可不想让他们聪明的小女儿这么小就背上学业的压力。不过他们从没告诉玛尼亚他们为什么这么做。

花园又大又平坦，四周围墙环绕，里面有一块破败的草坪和许多树木。大部分时候，他们都可以在花园里玩到心满意足，但进出花园时不得不小心行事，因为他们必须经过"食人魔"的窗户。这座花园属于男子高中，斯科洛多夫斯基先生和"食人魔"都住在这所学校里。即使是佐西亚经过那些窗户时，也会感到紧张不安,她把声音压低到耳语,告诉她的小妹妹保持安静,然后蹑手蹑脚地通过。

尽管只有5岁,玛尼亚知道的事情已经不少了。她知道食人魔是一个恶魔,他和他的同伙们一起把玛尼亚的祖国切成三块共同享用,就像一个巨人和另外两个巨人分享自己的战利品一样。她是个波兰孩子,父亲在学校教授数学和物理,而食人魔是父亲所在学校的主任,是个俄国人。他得意扬扬地看着所有波兰男人、女人和孩子们小心翼翼地假装自己是俄国人。玛尼亚知道,有这样的人在,你必须时刻保持警惕,谨慎而安静,以免被抓住。

玛尼亚还知道一件事情:乡下是个可爱的地方,尽管她住在城市里。在乡下,人来人往热热闹闹,那里有她的叔叔婶婶和堂兄弟姐妹。有一条小溪等着她去划桨,有泥巴可以捏成泥饼,还有用不完的阳光,可以煮美味的蛋糕。她的7个堂兄弟坐在一棵古老的酸橙树上,吃着用清凉的卷心菜叶包好的醋栗果儿。玛尼亚一来,他们就会把她举高,放到树干的弯曲处坐好,然后从7片叶子中各取出一部分醋栗果儿分给她。7月的玛尼亚活脱脱一个山野小农。

然后是她的母亲,玛尼亚知道她爱她超过世界上其他任何人。母亲非常美丽,玛尼亚也这样认为。玛尼亚喜欢母亲美丽的歌声;喜欢睡觉时母亲用一种奇特的方式抚摸她的头发和额头,尽管母亲不会亲吻她;她也喜欢晚上全家人跪在桌子旁祈祷"求上帝保佑我们的母亲好起来"。小玛尼亚从来没有想到这是因为她的母亲生病了，也没想到这与母亲不亲她有任何关系。

玛尼亚出生于1867年11月7日，取名玛丽亚，但她更常被唤作玛尼亚或玛若莎，不过叫得最多的还是那个特别的昵称——"安丘比丘"——波兰人喜欢取小名儿。佐西亚会在花园里给玛尼亚讲述关于"安丘比丘"的长篇故事，她讲故事的水平简直无人能及。她还经常写小剧本，一人饰演所有角色，演给弟弟妹妹们看。佐西亚演得惟妙惟肖，逗得玛尼亚时而捧腹大笑，时而心惊胆战，都分不清自己住在哪个国家，哪个人是隔壁邻居，哪个人是故事里的人物了。

他们到家的时候，父亲刚好放学回到家，坐在书房里。这是家中最大，也是最快乐的房间。两人轻手轻脚地走进屋，母亲正在给玛尼亚做鞋子。咔嚓，咔嚓，剪刀划过坚硬的皮革；刺啦，刺啦，蜡线在各层之间穿梭收紧；叮当，叮当，锤子敲打着鞋钉。即便是如此粗重的工作，斯科洛多夫斯基夫人白净的双手也灵巧有余。这都是生活所迫，五个孩子一年要消耗掉大量的皮鞋。

那天晚上，父亲正在谈论食人魔。父亲经常谈论起他，因为食人魔对他的家庭影响甚大，而且以后会更大。最近，食人魔狠狠地教训了一个波兰男孩，仅仅因为他犯了一个俄语语法错误，要知道俄语可是世界上最难的外语之一。斯科洛多夫斯基先生没忍住，抱不平道："但是先生，您作为土生土长的俄国人，也一样会偶尔犯语法错误。"食人魔没有立即反驳,他怒目圆睁,眉头紧锁,心里盘算着第二年再找斯科洛多夫斯基先生算账。

玛尼亚在父亲的房间里踱来踱去,挺着自己的小鼻子,沉浸在自己的思索里。哥哥姐姐们正趴在父亲又大又平整的书桌旁,认真做着作业,玛尼亚小心翼翼地抚摸着自己心爱的小物件,以免打扰到他们。墙上挂着一幅精美的主教像,但玛尼亚对它一点也不感兴趣,据说这幅画是由一位著名的画家创作的,可这完全不是玛尼亚喜欢的风格。她喜欢书桌上的时钟,喜欢呆呆地凝视时钟的表盘,听时钟嘀嗒嘀嗒清脆的声响。她也喜欢色彩斑斓的西西里餐桌,喜欢看自己的手指在它光滑的大理石桌板上翩翩起舞。但她不喜欢桌上的塞勒夫瓷杯,还躲得远远的,因为这东西很容易碎,一不小心碰倒了,就可能带来霉运。其他的宝贝就没这么娇气了,它们更友好、更神秘,还有着又长又难懂的可爱名字。比如挂在墙上的气压计,父亲每天都要在孩子们的注视下认真检查擦拭;还有装满宝物的玻璃柜,里面有玻璃管、精密的天平、矿物质和一个金箔验电器。

"那些……是?"一天,玛尼亚开始好奇。

"那些是什么?"父亲用一本正经又略带调侃的语气说道,"是物理仪器啊。"

父亲完全没想到!玛尼亚也完全没想到,将来她和这些物理仪器之间会发生什么样的故事,但她喜欢上了这个发音奇特的单词，她边跑边唱：

"物——理——仪——器。"
"物——理——仪——器。"

第二章

玛尼亚上学

玛尼亚的学校是一个奇怪的地方,她学到了一些奇怪的东西:例如,如何偷偷做禁止做的事;如何迅速隐藏自己的不服从;如何假装在做自己并没有做的事情;还学会了如何蒙骗政府检查员。因为玛尼亚比大多数孩子都聪明,很快她在所有这些事情上都比其他孩子做得更出色。你可能会觉得玛尼亚是个讨厌鬼,但最令人诧异的是,学校里的班主任和女校长都觉得玛尼亚是个好帮手。

有一天,上历史课,全班25个孩子都听得津津有味。这比英国孩子们的历史课有趣多了,因为这是一门禁课,25个孩子和班主任都清楚这个事实。

这些12岁的孩子们坐在教室,年仅10岁的玛尼亚坐在第三排靠窗的位置,可以凭窗眺望白雪皑皑的草坪。25个孩子都穿着海军蓝色的校服,系着钢纽扣,翻着白衣领,头发编成辫子绑在耳后,还戴着好看的蝴蝶结。她们全都竖起了耳朵,左耳费力捕捉着每一个关于历史的词汇,右耳则警惕着随时可能响起的门铃声。她们是这场违禁活动的同谋！班主任和学生们一边上课，一边准备着随时被捕！

玛尼亚正在回答问题，老师喜欢叫她回答问题，因为她一直是历史课上的佼佼者，在算术、文学、德语和法语也一直名列前茅。这会儿，她在讲述自己对波兰国王斯坦尼斯拉斯·奥古斯特的了解。

"1764年，奥古斯特当选波兰国王，"玛尼亚娓娓道来，"他是一个睿智的国王，受过良好的教育，与诗人和艺术家为友。他深知波兰弱小的原因，也试图振兴祖国，但可惜，他最终没有勇气……"小小的玛尼亚也知道国王应该有勇气，她的声音里充满了遗憾，这是一个早谙世事的10岁小孩发出的叹息。叮——叮——当——当……大家都被吓得全身一震，每个人都迅速行动，保持绝对的安静。班主任图皮亚收起她的波兰语书籍，孩子们也摆好练习册和《波兰历史》，五个值日生将所有书籍裹进自己的围裙，以最快的速度将它们运到了寄宿生宿舍。其余的孩子拿出针线包，开始在棉布上缝纽扣，好像一切都没有发生过一样。

俄国检查员在女校长的陪同下进来了。校长面色凝重，惊慌失措，因为她没能阻止检查员的飞快步伐。她担心两声长两声短的警告铃声没能给孩子们充分的时间掩藏。但是还好，大家看起来都在做针线活，没有什么可疑之处。虽然有五个小女孩脸颊通红，上气不接下气，但是粗心的男人根本不会注意到这一点。

检查员霍恩贝格先生一屁股坐在凳子上。虽然他又胖又秃头,但还算好看。他的制服为他增色不少,下身是黄色的裤子,上身是蓝色外套,扣着锃亮的银色纽扣。沉默中,他透过镶着金边的眼镜犀利地审视着孩子们,又漫不经心地快速瞥了一眼图皮亚书桌上的书。

"你在她们工作的时候大声读书吗?"他审问道,"这是什么书?"

"是《克雷洛夫寓言故事》,我们今天刚刚开始学。"

霍恩贝格先生知道这本俄文书,并从心底里认可它。他打开一张书桌,发现里面空无一物。孩子们停下手中的针线活儿,礼貌地等待着他的智慧箴言。但他只看到一张张平静的面孔和一双双庄重的眼睛,丝毫未能察觉这背后隐藏着的恐惧、智慧和仇恨。

"女士,请点一名学生起立。"

图皮亚如释重负,她可以选择一个绝不会坏事的孩子。然而,那个孩子正在祈祷着不要被点到。"千万不要是我,上帝啊,求求你……"玛尼亚没有听到上帝说:"玛尼亚·斯科洛多夫斯基,世界在等着你,等着你学习如何去做讨厌的事情。"然后她听到图皮亚老师叫出了自己的名字——玛尼亚·斯科洛多夫斯基!

她站起来,全身忽冷忽热,一股羞愧感堵住了她的喉咙。

"背诵主祷文。"霍恩贝格命令道。

玛尼亚服从了,用外国统治者要求的俄语而不是他们民族习惯的拉丁语背诵了主祷文。

"说出叶卡捷琳娜二世之后的俄国沙皇。"

"叶卡捷琳娜二世,保罗一世,亚历山大一世,尼古拉一世,亚历山大二世……"玛尼亚用完美的俄语一一背诵,仿佛她出生在圣彼得堡。

"还有沙皇家族成员的名字和头衔。"

"女皇陛下,皇后殿下,皇帝陛下,亚历山大太子殿下,皇帝陛下,大公爵殿下……"

"很好!现在统治我们的是谁?"

玛尼亚犹豫了。

"现在统治我们的是谁?"检查员重复道,语气中有些恼怒。

"俄,俄国沙皇,陛下,亚历山大二世。"玛尼亚脸色煞白,结结巴巴地回答道。

巡查结束,检查员走了,他对自己的所见所闻甚是满意,觉得自己管理得当、领导有方。而可怜的玛尼亚顿时失声痛哭起来,哭声令人心碎。

放学后的街头,妈妈们和保姆们来接孩子,兴奋的孩子们有好多新鲜事儿要讲给他们听;但是只能低声耳语,因为他们非常清楚,任何一个路人、任何一个闲逛的人都有可能是间谍,甚至会把一个孩子说的话一字不漏地报告给政府。

海拉和玛尼亚一人一边挽着露西亚姨妈的手。"检查员考玛尼亚了,"海拉小声说,"她对答如流,但后来又哭得像个婴儿。不过总之,检查员没挑出任何人的毛病。"

玛尼亚默不作声。她讨厌这一切,讨厌自己的恐惧,讨厌自己属于一个被奴役的国家,讨厌自己不得不撒谎,还要一直撒谎下去。她握紧姨妈的手,想起了所有让她讨厌的事情:食人魔成功地让父亲失去了教授职位,他们不得不接受学生们住在自己的家里,调皮捣蛋的学生常常令他们感到不舒服。但是,跟失去佐西亚相比,这点不舒服不值一提。那个给她讲故事的佐西亚,那个听她倾诉心事的佐西亚,被其中一个学生传染了斑疹伤寒,永远离开了!

这天阳光明媚,三人穿过白雪覆盖的公园,前往华沙老城。那里狭窄的街道和高高斜斜的屋顶,都被厚厚的积雪覆盖着。在意想不到的角落里,可以看到奇怪的小雕塑,比如圣母玛利亚的脸庞和奇怪的石兽。

突然,古老教堂的钟声在他们的头顶响起,在霜冻的空气中显得清脆而嘈杂。这一带有很多教堂,露西亚姨妈领着孩子们穿过其中一座黑漆漆的大门,多年前他们常来这里。身旁没有了佐西亚,玛尼亚怎么能进去呢?但是她进去了,因为现在她的心中比任何人都要恐惧,她想说服上帝让她的母亲好起来。"让妈妈好起来。"她祈祷道,"请让我代替妈妈去死吧,求求你了,上帝。"

她们重新走进了凛冽的寒风中,露西亚姨妈提议去维斯瓦河,在集市的船上买些苹果。孩子们暂时把悲伤抛到脑后，沿着长长的台阶向河边飞奔而去。宽广的维斯瓦河在低矮的沙岛上泛起微黄而阴沉的广阔空间，巨大的空驳船缓慢地相互挤压，有时候会有一声闷响钻入岸边的浮动浴场和洗手间。在那个冬季，只有两只装满苹果的驳船周围能看到一丝生机，因为它们来自河的另一边，给华沙的孩子们带来了红润的玫瑰色喜悦。船主人穿着舒适的羊皮大衣，摇晃着身体，向来往的人们展示着他的商品：尽管我的苹果沿着维斯瓦河航行了许多天，但依然红润有光泽，丝毫没有被霜冻坏。

先是海拉，然后是玛尼亚，她们脱下暖手筒，把书包扔到一边，开始兴奋地挑选苹果。她们把挑好的苹果装进大柳条筐里，方便带回家。幸运的话，还能找到些坏苹果，两个人用力把坏苹果扔进河里，比比谁扔得远。然后露西亚姨妈会雇一个男孩把苹果筐送回家，把两个啃着红苹果的小祖宗从船上赶下来。

五点钟到家，美味的饭菜正等着她们享用，这可比苹果重要多了。吃完饭，孩子们围坐在大桌子旁做作业。很快，孩子们就恼羞成怒，开始大声抱怨起来，这在波兰以外的地方可不是个好习惯。但这些波兰孩子们必须用俄语学习，用俄语学数学更是难上加难。法语和德语语法课本全是俄语，遇到不认识的单词，还得查俄语词典。他们互相之间当然可以用波兰语诉苦，可是第二天早晨到来时，还是不得不用俄语上课，并用这门外语解决几何问题。他们要用外语写作,还得直接把法语翻译成俄语。学习对他们来说真是件难事。

但玛尼亚是个小女巫,她有魔法,不用学习就能知道很多东西。俄语诗歌只要读两遍她就可以理解得毫无偏差,真是个幸运儿!她也是一个善良的幸运儿,要是提前完成了自己的作业,也会帮助其他人渡过难关,尽管不是每次都帮。如果有机会,她会在桌上放本书,双肘支在桌子上,双手捂住耳朵以防被海拉的朗诵声打扰,然后进入自己的阅读世界!玛尼亚读书的时候,没有任何东西能分散她的注意力。她什么也听不到。有时候全家人一起捣乱,敲打瓶瓶罐罐,发出各种声音,活像个乱了套的动物园。但是玛尼亚一点也听不到,除非她读完这本书了。这种专注力,是玛尼亚从生活的幸运袋中抓到的快乐礼物。

有一次玛尼亚看书时，哥哥姐姐在她的周围用椅子搭起了一个架子。她没有听到声响，也没有看到椅子和这些捣蛋鬼的影子。她没有听到兴奋的窃窃私语，也没有听到克制的笑声。玛尼亚看完书，抬起头，椅子大厦在其他人的欢呼声中轰然倒塌。玛尼亚可高兴不起来。她揉了揉瘀伤的肩膀，走进另一间房间，瞟了一眼哥哥姐姐们，说道："真幼稚！"

到了就寝的时间，斯科洛多夫斯基家的女孩们得在餐厅打地铺，因为必须把卧室让给付了钱的学生们。晚上，皮毯经常滑落，让她们冻得直哆嗦。早晨天不亮她们就得起床，腾出餐厅给学生们准备早餐。

但是这些事情对玛尼亚无足轻重。母亲病情越来越重，连玛尼亚都能看出来。她总是向上帝祈祷，但上帝似乎并没有听到10岁的玛尼亚发出的请求。到了春天，5月的时候，她还没有满11岁，妈妈就走了，只在小女儿的耳边留下一句："我爱你。"

玛尼亚学会了很多东西，她意识到不仅国王需要勇气——国家也需要，男人也需要，孩子们也需要。她对这一切都有了自己的思考，这一切对她来说太不公平，太残酷，太不可理喻了。她倔强，愤怒，并决定永不屈服。

第三章

反叛者

玛尼亚 14 岁了，出落得没有姐姐们漂亮。布洛妮亚已经成年，穿着拖地长裙，金黄的头发在脑后梳成圆髻。她接替了母亲的位置，承担起家务和照看这些寄宿生的责任。16 岁的海拉亭亭玉立，皮肤白皙，身材高挑，优雅大方。约瑟夫也是皮肤白皙，高大帅气。他正在大学学习医学。

女孩们也憧憬着上大学，但在俄国统治下的波兰，女孩们是不允许上大学的。如果她们想学到学校以外的更多东西，就必须自己看书或去国外求学。

当时，玛尼亚对自己的状态很满意。她已经上高中了，整天开心得像只捡到坚果的小松鼠。但是她有点担心布洛妮亚，上不了大学，她该干什么呢？能不能想个办法把布洛妮亚送到其他国家？在那里女孩们可以随心所欲地学习自己想学的东西。她下定决心努力工作，赚钱供姐姐读书。好吧，最好的赚钱方式就是顺利毕业！那天早上，玛尼亚快迟到了，她必须快点吃完早餐，然后切好午餐要吃的三明治。玛尼亚正要切放进三明治的羊肉，"柳叶刀"以迅雷不及掩耳之势抓住了最后一块羊肉,打断了玛尼亚的思绪。还好,最后玛尼亚从它的嘴里救下了这块羊肉。柳叶刀是只红色猎犬,是全家的宠儿。它很漂亮,但肆无忌惮,坏事做尽。它的耳朵、尾巴和四肢上都有金色的毛,本应该是最听话的猎犬,却没有被驯化。玛尼亚和她的兄弟姐妹整日宠爱它,亲吻它,把一只猎狗变成了宠物狗。它在椅子上呼呼大睡,用尾巴打碎花瓶,偷吃别人的午餐,在客人来临时狂吠,在客人离开时看似礼貌地帮他们叼来帽子和手套,可帽子和手套早已破烂不堪,根本就戴不了了。

最后,玛尼亚终于安全地包好了午餐,她背上书包,说服了柳叶刀乖乖待在家里,拔腿就往学校跑。

经过扎莫耶斯基伯爵住过的蓝色宫殿时,她停了下来,有一只巨大的青铜狮子守护着这座古老的石头庭院。玛尼亚在狮子前犹豫了一下,然后把挂在狮子嘴上的重环推到了鼻子上。

"不要走,玛若莎,"窗户里传来一个声音,"卡齐亚马上就来了。"卡齐亚是伯爵图书馆管理员的女儿,玛尼亚经常来接她一起上学。如果她的朋友晚了,玛尼亚就会把青铜环推上去先走。这样,卡齐亚就能准确知道她是不是先走了。

"今天下午来喝茶啊,"卡齐亚的妈妈邀请道,"有你们最喜欢的冰巧克力!"

"你一定要来喝茶哦,"卡齐亚说道,"啊!我们不是要迟到了吧？快走！"

于是，两个人一路飞奔，沿着狭窄的街道穿过公园。所有人都能看出来她们之间的差异，她们自己却浑然不知。卡齐亚衣着精致得体，显然是父母宠爱的掌上明珠；而玛尼亚从小独立，看起来有些简陋。

上学的路很长，她们有的是时间闲聊，还可以玩点儿小游戏。下雨天，两个人穿着长筒套靴，非要沿着水洼的最深处行走。不下雨的时候，她们就玩"绿色"游戏。

"一定要去商店买一本新的练习本，"玛尼亚说道，"我之前见到过一些特别好看的练习册，绿色封面的……"

但是卡齐亚并没有上当。一听到"绿色"两个字，不等玛尼亚说完，卡齐亚就从兜里掏出她事先准备好的绿色天鹅绒，递给了玛尼亚。卡齐亚逃过了一次惩罚，但游戏并没有继续。玛尼亚似乎对游戏提不起兴趣。她开始谈论上一次历史课，教授费尽心思地告诉他们波兰只是俄国的一个省，而波兰语只是一种方言。

"他看起来很不舒服，"玛尼亚说，"你看到他脸色苍白，不敢看我们的样子吗？"

"是的！"卡齐亚说，"他的脸都是绿色的。"话音刚落，她就看到玛尼亚在她鼻子下面抖动着一片嫩绿的栗叶。

"我们已经过了纪念碑了！"玛尼亚惊叫一声，"哦，好吧！我们必须回去！"她们重新回到萨克斯广场，那里有一根四只狮子支撑着的高大柱子，上面写着"致忠于君主的波兰人"。沙皇们为那些背叛波兰，为沙皇战死的波兰人建造了这座纪念碑。这已经成为每一个忠于祖国的波兰人的责任：每次经过纪念碑时都要在纪念碑上吐口水。即使履行这项责任意味着要走回去或者迟到，玛尼亚和卡齐亚也在所不惜。

"你今晚来看跳舞吗？"玛尼亚问道。卡齐亚自然会去。每周都有好几个家庭聚在斯科洛多夫斯基先生家跳舞，但只有成年的女孩才被允许跳舞，卡齐亚和玛尼亚只能坐下观看。尽管如此，她们还是学到了不少跳舞的技巧，她们研究着舞步，讨论着动作，学习着曲调。等大人们跳完，她们就可以自己练习了。

两人正在热烈地讨论着成年后的乐趣，不一会儿就穿过学校的拱门，走进了学校的院子。女孩们从四面八方涌入那座光秃秃的三层楼建筑，一片欢声笑语，寒暄问候。但是有一个女孩形单影只，行色匆匆，似乎想避免引起注意。玛尼亚和卡齐亚赶上她时，发现她双眼红肿，衣衫不整，好像是匆忙套上的。

"库尼卡怎么了？"她们相视问道，其中一个人用胳膊搂住了那个女孩。

"你怎么啦，库尼卡？"

库尼卡几乎说不出话，她苍白的脸上写满痛苦。"我哥哥出事了，"她结结巴巴地说，"他被秘密逮捕了，我们整整三天没有收到关于他的任何消息……他们……他们要在明天黎明时将他绞死。"

一切语言都显得苍白无力。两人将库尼卡从人群中拉了出来，她们弯下腰，陪着她，试图理解她，安慰她。可是库尼卡的哥哥明天就要被绞死了，安慰又有什么用呢！玛尼亚和卡齐亚认识这个年轻活泼的男孩，他是她们的朋友。他没有做错任何事，为什么要死？

"快点，孩子们！聊够了没！"德国督导梅耶小姐恶狠狠的声音传来，三人不得不隐藏起悲伤，开始上学。

这不是玛尼亚小时候上的私立学校，而是由俄国政府管理的政府高级中学。在这里，除了学生，全都是俄国人。波兰孩子必须上学，因为只有这样做，才能获得工作所需的各种证书。他们上学了，但是他们是反叛者，比他们的长辈更自由地表达自己的想法。玛尼亚和卡齐亚喜欢编一些俏皮话嘲讽俄国教授和德国校长，尤其是对梅耶小姐。梅耶小姐讨厌玛尼亚，不过玛尼亚更厌恶她。

梅耶小姐又矮又黑，总是穿着软底的拖鞋走来走去，走起路来悄无声息，这样可以更好地监视女孩们。

"不用跟那个斯科洛多夫斯基女孩浪费口舌，"她说道，"跟她说话简直是对牛弹琴！"

"看看你这一头可笑的、乱糟糟的卷毛，玛尼亚·斯科洛多夫斯基！你多久才梳一次头发？过来，我给你梳顺，让你看起来像一个体面的女学生。""像德国的格蕾琴一样!"玛尼亚心想,但她嘴上什么也没说。于是,这把不知道梳过多少人头发的梳子狠狠地落到了玛尼亚的头上。但是无论梅耶小姐多用力,卷发依旧叛逆——它们轻盈且任性,精致而卷曲,勾勒出玛尼亚叛逆的小圆脸。

"我不准你这样看着我!"梅耶小姐大声呵斥,"你没有资格俯视我!"

"我无能为力,"玛尼亚如实说,因为她比梅耶小姐足足高出一头。毫无疑问,她很高兴单词有时具有两种含义。但是女孩们也喜欢其中的一些老师,因为有些是波兰人。令她们有些惊讶的是,有一些俄国人居然会同情波兰人。他们开始明白,即使在俄国,也有反叛者。一位俄国校长竟然把一本革命诗集作为奖励。这一沉默的举动成为学校的话题,学生们用奇妙的眼神看着他。波兰人可以和俄国人和平共处吗?哦,是的!学校里的学生不就是俄国人、波兰人、德国人、犹太人吗?他们在一起不都很开心吗?在学校,他们没有意识到种族差异。可放学后,每个国家的人都保持距离,因为所有人都担心遇到间谍。

尽管如此,玛尼亚还是很喜欢她的学校。她有些不好意思地承认了这一点,"你知道吗?卡齐亚,"有一次假期她给卡齐亚写信道,"我竟然喜欢学校。你会嘲笑我吗?我喜欢学校,甚至可以说是非常喜欢。我没有向往它。绝对没有!但是我不害怕新学期的到来，也不为还要上两年多学而担心。"

但是那一天，当梅耶小姐从院子里把女孩们叫进来时，玛尼亚根本没有心思上学。早晨还阳光明媚，玛尼亚满脑子都是音乐、跳舞和开玩笑。可突然之间，世界发生了变化。课堂上，模糊不清的单词在她的耳边飘浮，她眼前却不断浮现那个年轻的热血男孩……和黎明中冰冷的绞刑架。

那天晚上，斯科洛多夫斯基一家无心跳舞。玛尼亚、布洛妮亚、海拉、卡齐亚和她的妹妹乌拉都陪着库尼卡坐了一整晚。她们在漫漫长夜中守望着，心中想着那个即将死去的男孩。守夜是天主教的习俗，让人保持清醒以便思考。5个孩子和库尼卡就这样静静坐着，我们这些幸福的人根本无法想象他们的想法和感受。这与我们所爱的人自然死亡截然不同，甚至连孩子们都明白这一点。但是像这样坐等时间流逝，眼看人类施加酷刑的时刻越来越近，眼看黎明被罪恶玷污，确实是恐怖的。他们一定是默默无言地守望着，因为无话可说，无事可做，唯有万千思绪和6颗年轻的反叛之心。他们不时竭尽所能地安慰库尼卡，自己也因同情而心如刀割。他们劝库尼卡喝点热的东西，又轻轻地搂住她或替她拭干眼泪。忽然间，他们意识到有新的光亮照进来，那光亮不再是烛光。天上有一条红线，血色的黎明已经来了！6人将恐惧的面孔埋在手中，跪倒在地上，为死去的年轻反叛者祈祷。

第四章
一整年的假期

一转眼玛尼亚16岁了。颁发金质奖章的日子已然来临,玛尼亚的奖章是家族中的第三枚。当时正值6月,夏日炎炎。与所有获奖者一样,玛尼亚身着黑色礼服,腰间别着一束香水月季。人群你推我挤,争先与她握手并表示祝贺。颁奖典礼结束,玛尼亚的高中生活也画上了句号。她挽着骄傲的父亲,紧紧地握住了他的胳膊。

父亲许诺要给她一年的假期。这可是个大礼物,一整年的假期呢!玛尼亚不明所以,父亲却认为这是她应得的。因为玛尼亚一直刻苦用功,而且比其他女孩用更少的时间完成了学业,所以趁现在放个假,悠闲地等待同龄人赶上她,再公平不过了。就这样,勤勉的玛尼亚一夜之间变成了一条小懒虫,还沉浸其中,乐不思蜀。

她写信给卡齐亚:"我亲爱的小伙伴,我现在根本不相信这世界上有代数和几何这种东西的存在,反正我已经把它们忘得一干二净了。我甚至不做针线活儿,应该说我什么也不做。我早上10点钟起床,有时候是6点,除了小说我什么书也不读。我是蠢驴中的大蠢驴,一个人的时候也可以放声大笑。我们一群人在树林里闲逛或打羽毛球,虽然我是打得最烂的。我们还会玩'抢位置游戏'或'跟着领导做'等类似的智力游戏。到处都是野草莓,花一分钱就可以吃到一顿丰盛的饭菜,有满满一汤盘那么多,堆得很高,都要溢出来了。唉!都被我吃完了,我真是胃大如牛,我都被自己的贪吃吓坏了。我们荡秋千,荡啊荡,仿佛要冲到天上去。我们游泳,我们举着火把捕虾。对了对了,我们还遇到了一个演员,他给我们唱歌,给我们朗诵,还给了我们好多好多醋栗果儿。作为回报,我们用野罂粟花、蓝色矢车菊和各种鲜花给他编了一只花环,在他去华沙的时候送给了他。小伙伴们说看见他戴上了花环,火车到站时,他把花环装进了手提箱,一路带到了城市。"

玛尼亚打算在乡下度过这一年,她爱这里的一点一滴。她要见证四季的变换,要探索波兰土地上的每一处美景。玛尼亚的叔叔泽维尔生活在佐沃拉平原上，平坦的大地一望无际，玛尼亚极目远眺，一直望到梦中所能及的最遥远的地平线。绿油油的大地上印着一道道褐色的条纹，那是犁好的田地。叔叔家的马圈里养了很多马，在这里玛尼亚学会了骑马。穿什么衣服对她来说并不重要，她从堂哥那里借来一条裤子，裤子太大了，就把它们卷起来，系好皮带，准备一试身手。玛尼亚左手拽着缰绳，握着那匹大马的鬃毛，左脚踩在马镫上，右手扶住马鞍。她看到过叔叔和堂兄们一跃上马，这是她的第一次冒险尝试。可无论她怎么跳，无论老马多么纹丝不动地配合她，她就是上不去！

"很好的尝试！"她叔叔说道，"爬上去！"她的堂兄们也不会置她于不顾。他们告诉玛尼亚上马之前要背对着马的头部，教她借助小土堆上马，最后还讲述了不同情况下的上马方法，这样即使遇到最高的马，玛尼亚也能顺利坐上马鞍了。玛尼亚很喜欢坐在马背上，穿过绵延的田野，来一次远行。很快，她就能在马儿奔跑的时候站起身来，也能在马儿疾驰的时候坐得稳稳的。她探索了新的村庄，结识了陌生的乡下人，对波兰平原的了解也越来越多。

但是，还有更大的惊喜等着她。玛尼亚去了另一个叔叔家，这位叔叔居住在喀尔巴阡山脉一带，他的名字叫兹齐斯瓦夫。这是玛尼亚第一次看到白雪皑皑的山地，它们闪耀着洁白的光芒，深色的松树林像一条染墨的河流，将白雪衬托得更加洁白。她渴望近距离地接触雪山，于是她穿过树林，一直到达雪的边界。她沿着蜿蜒曲折的山路走啊走，走了很远，有时候这条路在悬崖上戛然而止，她不得不沿着来时的脚印走回去。有时候这条路通往一间小屋，玛尼亚和她的堂兄们就会走进去，请屋子的主人给他们展示自己的作品。因为这片地区所有的山民都是木匠，就连他们家最简单的家具也是一件艺术品。山民们喜欢展示自己制作的东西，当孩子们对椅子、桌子、布谷鸟时钟以及墙边的彩色木碗露出钦佩的目光时，他们就会钻进橱柜，拿出自己的得意之作。有雕刻的小人儿、酒杯、玩具，甚至木刻画。

一次，玛尼亚游荡到了一个小湖，一片水泊躺在铺满婆婆纳的蓝色山丘上，人们称它为"海之眼"。躺在雪峰之间的小湖真是太可爱了，玛尼亚觉得这是整个国家的瑰宝。

屋檐下的生活也其乐融融。叔叔爱热闹，他美丽的妻子和三个女儿也是如此。他们每天都很开心，玛尼亚也被感染了，整日与他们一同欢笑。有宾客到访时，叔叔和婶婶一般会外出打猎，带回各种猎物设宴款待宾客。如果颗粒无收，便只能杀一只家鸡了，反正有上百只鸡在院子里跑来跑去呢。然后，女孩们就会飞奔到厨房，急急忙忙烤制蛋糕。一切准备就绪，只等宴席开始。至于服装，她们会翻箱倒柜，找出布料缝制漂亮的裙子，在玩猜字谜游戏的时候穿。如果正值冬天，还有一场冬日盛宴——"库利格"在等着她们。

玛尼亚第一次参与的库利格可谓盛况空前。北方的白雪映亮了漆黑的夜晚，玛尼亚和她的三个堂姐妹裹着厚厚的毛毯，扮成克拉科夫的农民，分别坐在两个雪橇上。她们的警卫是几个穿着朴素的男孩，举着熊熊燃烧的火把，照亮了前路。一行人在漆黑的森林里穿行，也瞥见了其他移动的火把。不一会儿，寒冷的夜空突然被音乐填满，原来是乐手们来了，是四位年轻的犹太人。整整两天两夜，他们用小提琴演奏着扣人心弦的乐曲。几个小伙子会演奏华尔兹和马祖卡舞曲，仿佛全世界都能跟着旋律合唱，让这个夜晚显得那样喧闹而和谐。

犹太乐手演奏的时候，3个，5个，10个……越来越多的雪橇在黑暗中加入了他们。尽管一路上的弯道和斜坡令人胆战心惊，那些小音乐家却从未弹错任何一个音符，他们在严寒之中引领着这支奇妙的队伍一路向前。

遇到第一个农舍时，雪橇队停下了，铃儿叮叮当当，大家卸下雪具，欢笑着，叫喊着，用力地敲着农舍的门，唤醒了假装在睡觉的主人。过了一会儿，音乐家们被簇拥到桌子上，火把照亮了整间屋子，舞会正式开始了。

吃完事先准备好的晚饭，随着一声信号，整个房子霎时变得空空荡荡。木桶不见了，人群不见了，马匹不见了，雪橇不见了，一切都不见了踪影。他们组成了一支更大的队伍，带上农舍新加入的所有雪橇，翻山越岭去往下一个农场。

一辆由几匹精力充沛的马拉着的雪橇试图超车,却不小心偏离了熟悉的路线,找不到回来的路,翻倒在雪堆里。游行队伍停了下来,在寒风中举着火把寻找迷路的伙伴。他们围成一个半圆,热心的人们纷纷帮他们拍去身上的雪,扶正了他们的雪橇。很快,夜空中又响起了叮叮当当的铃声。但是那些乐手去哪儿了呢?没有人知道。领头的雪橇滑得越来越快,希望能赶上乐手们。但是很快他们就意识到乐手走的不是这一条路,他们没有继续前进。一声令下,队伍停了下来,他们想起了刚刚经过的岔路。别无他法,只能折返回去,到另一条路上寻找犹太乐手们。每个人都忧心忡忡,如果找不到乐手,下一个农场的舞蹈怎么办?这时,突然有人在铃铛声中捕捉到了小提琴的欢快旋律,游行队伍再次完整了!队伍越来越长,越来越长,因为每经过一个农场,他们都会停下来跳舞,每离开一个农场,都会有新的成员加入。

太阳升起又落下,落下又升起。提琴手们几乎没有时间吃饭或睡觉。第二天晚上,巨大的雪橇队像一列庞大的火车,带着气喘吁吁的马儿和叮叮当当的铃儿,在最大的农场前停下了脚步。真正的舞会即将开始!

年轻的提琴手们兴奋地演奏着。来宾们各就各位,准备跳有名的冰上舞蹈。领舞的男孩英俊而优雅,穿着绣花的白色礼服,向前一步,伸手牵住最好的舞者——玛尼亚·斯科洛多夫斯基!她一身山区少女装扮,天鹅绒夹克,蓬松的亚麻袖子,如星星般闪烁的王冠上镶嵌着五彩斑斓的丝带。

他们整夜跳舞,清晨8点还在跳马祖卡舞。玛尼亚说她一生中从未有过这般开心的体验。姗姗说,既然她如此喜爱库利格,可以用这种方式举行自己的婚礼。

假期的欢乐还远不止这些。弗洛里伯爵夫人是斯科洛多夫斯基夫人过去的一位学生,她邀请海拉和玛尼亚陪她住上一段时间。伯爵公馆坐落在两条河之间,从玛尼亚的房间可以看到两条河交汇的美丽景色,也就是在那里她学会了划船。"我们想到什么就去做什么。"她在给家人的信中写道,"我们晚上睡一整夜,有时候白天也呼呼大睡。我们跳舞,简直开心疯了。实际上可能只有疯人院才适合我们!"

她们的生活多姿多彩,除了睡觉和跳舞,还有骑马、采蘑菇和讲笑话。有一次,玛尼亚给伯爵夫人的弟弟写了张纸条,请他去镇上一趟。毫无戒心的年轻人二话不说就起身了。路途遥远,年轻人天黑才回到家。一回房间,发现家里的小伙伴把他的床、桌子、椅子、行李箱,还有衣服通通挂到了屋顶的横梁上。他的东西悬挂在空中,到处都是,稍有走动,就会挨上一巴掌。

还有一天,家中备好了丰盛的午餐等待贵客来访,孩子们却没有收到邀请。于是,他们在午餐前把整个餐桌一扫而空,还在空荡荡的桌子旁摆了一个稻草人,把它装扮成酒足饭饱、心满意足的伯爵!而真正的罪魁祸首呢?他们在哪里?他们早就跑得没影儿了!

在伯爵和伯爵夫人的结婚纪念日上,这群淘气鬼送给他们一个用蔬菜做成的巨大王冠,足足有45千克。当这对幸福的夫妻坐上华丽的宝座时,他们呈上了这个王冠。然后最小的成员朗诵了玛尼亚为此情此景特意作的一首诗,结尾如下:

……
今夕何夕,如此良辰
美味佳肴不足以庆祝!
但愿每位佳人觅得良人相配

如二位相敬如宾比翼双飞

让我们同往圣坛祈祷

请赐予，请赐予我们福音！

伯爵和伯爵夫人尽了最大的努力，用舞会代替了野餐。那天晚上，玛尼亚和海拉都希望自己能光彩照人。但她们很穷，礼服也已经残破。她们数了数钱，又翻来覆去地检查了裙子，撕下了褪色的薄纱，发现里衬还很好。她们决定用一点蓝色的格子呢代替薄纱，系上两条丝带，就是一件新裙子了。干瘪的钱包和熟练的针头往往能创造奇迹。其余的部分就用鲜花装点，这样剩下的

钱也足够买两双新鞋了。买好了东西,缝好了裙子,鲜花也已经装饰好,两人照照镜子,对自己说:"你可以的!"

玛尼亚穿着新鞋跳了一整夜,把鞋子都跳坏了。早上一起床她就把鞋子扔了,就当是庆祝新的一天的来临。

第五章

心系人民

玛尼亚回到了华沙，她用褐色的大眼睛观察着这个不同的世界，眼中带有笑意。她倔强的嘴唇常在不经意间露出一丝笑容，但她的脸庞却始终严肃。和世界上大多数父亲一样，斯科洛多夫斯基先生告诉孩子们每个人都必须自食其力。他放弃了带学生的生活，全家人重新住到了自己的小房子里。现在，即使他仍有收入，生活也异常拮据，要付房租，要雇女佣，还要支付日常的开销。而以后，他只能靠一份微薄的教师退休金度日。这让斯科洛多夫斯基先生忧心忡忡……他希望能挣到足够的钱养家糊口。晚上坐在台灯前，他会深深地叹一口气。四个孩子瞪大闪烁着幸福光芒的眼睛抬头看着父亲，他们的眼睛是一种介于长春花般的蓝色和灰色之间的颜色，猜测父亲在想什么。孩子们异口同声地抗议道："父亲，别担心，我们一个个都年轻力壮，还怕养活不了自己吗？"看到孩子们雄心勃勃的样子，斯科洛多夫斯基先生会心一笑。可他不禁思考，孩子们是否会获得他穷极一生都未曾获得过的成功呢？他工作努力，也颇有天赋，但是生活却给他极少的金钱回报。孩子们会像自己一样吗？这位光头、矮小、肥胖的男人坐在灯下，黑色外套虽然精心整理过，但仍掩盖不住它的破旧。他的一切都是一丝不苟、井井有条的，包括他的笔迹、思想、表情，甚至行为，他以同样一丝不苟的方式抚养自己的孩子。带孩子们短途旅行时，他会事先确定好路线，带孩子们领略风景之美，发现不为人知的或被人错过的美景。看到古老或著名的建筑时，他会告诉孩子们这背后的历史故事。在玛尼亚的眼中，父亲是完美无缺的。她从未嘲笑过父亲过于较真的处事方式，反而觉得父亲是知识的源泉。的确，他知识渊博，见多识广。他用辛辛苦苦省下的积蓄买来各种学术小册子，学习物理学和化学领域的最新发现，紧跟学术的潮流。他精通希腊语、拉丁语以及五种现代语言，却丝毫不觉得自己有过人之处。每到周六晚上，他都会写诗，然后声情并茂地朗读给孩子们听，让孩子们心中文学的种子生根发芽。当他想给孩子们读外国文学，例如《大卫·科波菲尔》时，他会用波兰语朗读，尽管手中的书籍是英文版。

"家里没什么新鲜事儿，"玛尼亚给朋友写道，"植物长得很茂盛，谢谢你的关心！杜鹃花开得很灿烂，柳叶刀在地毯上睡大觉呢！我给裙子染了颜色，女佣古西娅正在改衣服。她刚改完布洛妮亚的衣服，改得很成功。我的时间太少了，钱更少。有人介绍我们给一位女士上课，但是当布洛妮亚告诉她每小时一先令时，她落荒而逃，好像房子着火了一样。"

然而，不管酬劳高低，玛尼亚都必须教书。那时候，除了教书，女孩们没有其他的工作可做。玛尼亚思考的不是"我能教多少学生？能挣到多少钱？"，那样就不是玛尼亚了！她有自己的梦想——不是像大多数女孩一样梦想找个如意郎君，也不是像大多数男孩一样梦想拥有一辆车。她的梦想是波兰！她——玛尼亚·斯科洛多夫斯基，必须拯救波兰，义不容辞。但是以她16岁的年纪，她父亲教她的东西，以及从学校和书本上学来的东西，根本不足以支撑这个宏大的梦想。玛尼亚知道，还有其他人心系波兰，他们谋划着一场让沙皇丧命的爆炸。还有一些人日夜为波兰祈祷，梦想着得到上帝的回应。尽管玛尼亚将护照借给了一位革命家，可这些都不是她实现梦想的方法。她相信，最实际的梦想就是最好的：做好眼前的事情，通过教书唤醒俄国政府竭力愚化的民众；一直教，一直教，直到华沙成为伟大思想的中心，直到波兰强大到足以引领欧洲。

这时，一股新思潮在英国和法国蔓延开来。一位比玛尼亚年长10岁的朋友得到风声，为了研究这股思潮，这位朋友创办了一个名为"双翼学社"的秘密社团。玛尼亚、布洛妮亚和海拉都加入了这个社团。这个小团体在彼此的家中会面，学习解剖学、生物学和自然历史。虽然学的不是歪门邪道，也不是什么不可告人的东西，但任何一个轻微的响动，一声敲门声，壁板里老鼠的骚动，都足以让大家提心吊胆。如果被警察抓住，每个人都将面临牢狱之灾。社员们既要学习又要授课，是学生也是老师。玛尼亚收集了许多图书，建了个小书库，她把书借给穷人，不过她必须先教会他们认字和阅读，否则书对他们来说毫无用处。

有些波兰商店很乐意让自己的女工下班后聚在一起，跟着玛尼亚一起阅读，一起思考，成长为更有价值的波兰公民。根本不用担心其中任何人会泄露秘密。和这些年长且粗鲁的女工在一起，小玛尼亚很开心，也一直保持严肃，她不允许大家说一句脏话，也不允许她们抽一根烟。她发现自己的卷发太引人注目了，索性把它们咔嚓剪掉了，没想到这样做反而使自己看起来更加幼稚了。她的工作排得满满的，任何事情都想尝试。演讲、画画、参会、写诗，一项也没落下，最重要的是阅读六七个国家的文学作品，毕竟玛尼亚要追随伟大作家的远见卓识。

但是，最困扰她的是布洛妮亚的问题。布洛妮亚正在一天天变老，至少玛尼亚是这么想的，如果她不操心布洛妮亚的前途，就没有人会关心了。一个又一个早晨，不论天晴还是下雨，玛尼亚都要完成她的有偿教学。富人让她在寒风凛冽的走廊里等候，在他们眼中，玛尼亚只不过是一个穷家教。"真对不起，斯科洛多夫斯基小姐，我女儿今天早上迟到了，您肯定会给她上满课时的，对吧？"可到了月底，她的薪水又常常忘了给。"真抱歉，我丈夫会一起付两个月的费用。"可是玛尼亚很需要这笔钱，一直盘算着用它购买一些必备物品。

布洛妮亚脸色苍白，垂头丧气。玛尼亚只得暂时把自己的梦想搁到一边，抑制自己对上大学和学习知识的渴望。她的首要任务是安顿好布洛妮亚。

"布洛妮亚，我一直在思考这一切。"玛尼亚说道，"而且我已经和父亲商量过了，我想我找到了一种方法。"

"什么方法？"

玛尼亚必须非常谨慎，还要保持好分寸。"布洛妮亚，你现在存的钱够你在巴黎生活多长时间？"

布洛妮亚很快回答说："我可以负担得起旅费和一年的生活费，但是学医需要5年。"

"是的，做每小时一先令的家教，我们不可能存下很多钱。"

"所以呢？"

"所以，如果我们各自都为自己工作，那么我们两个都不会成功。但是按照我的计划，你今年秋天就可以乘火车出发了。"

"玛尼亚！你疯了！"

"不。一开始你可以花自己的钱,之后我会给你汇钱,父亲也会。同时,我也可以为自己攒钱。当你成为医生,就轮到我去上学了,到时候你就可以帮助我了。"

布洛妮亚眼中噙着泪水,因为她明白这对玛尼亚意味着什么,但她觉得这种算术有点奇怪。她问道:"你要怎么一边顾及自身,一边帮助我,又同时存钱呢?"

"啊!这是我正在寻找的方法。我会去找一份住家教师的工作,这样我的食宿都有人负责,没有机会花一分钱!是不是很完美呢?"

"不,"布洛妮亚说,"我不明白为什么应该我先去。你是更聪明的那一个,如果你先去,你会很快成功,然后再轮到我。"

"为什么?哦,傻瓜布洛妮亚,亲爱的!你不是20岁了吗?可我只有17岁。你已经等了几个世纪了,我还有时间。老大必须先走,等你找到工作,给我撒黄金都行啊!而且我心意已决,就这么办吧!"

于是9月份,也就是玛尼亚18岁生日的前一个月,她来到了一个教师中介所。她在等候室坐着,穿着自己认为女教师应该穿的衣服。她的头发又长了,整整齐齐的被盖在褪了色的帽子下。她的裙子朴素而庄重,整个人看上去平静而安宁。

她紧张地走到办公桌旁的那位女士身边,紧紧握着她的证书和推荐信。这位女士非常认真地阅读了推荐信,然后突然看着玛尼亚，甚至可以说是盯着她。"你的意思是说你精通德语、法语、波兰语和俄语以及英语吗？"她质疑道。

"是的。"玛尼亚说，"尽管我的英语不如其他语言好，但是考试英语完全没问题。我高中毕业时获得了金质奖章。"

"哦！那你期望的薪水是多少呢？"

"住家教师，一年40镑。"

"如果有合适的职位，我会联系你的。"带着这个不太令人鼓舞的承诺，玛尼亚离开了中介所。

不久之后，玛尼亚便成为一个私人家庭教师。这家人不肯透露姓名，因为他们不想记住命运对他们的捉弄。他们为18岁的玛尼亚·斯科洛多夫斯基打开了一扇小门，透过这扇门，玛尼亚窥见了地狱的一隅。后来她告诉我们，她希望自己从来没有进过这扇门。命运注定让玛尼亚发挥天赋，而不是做一个自怨自艾、仰人鼻息的奴隶。这户B氏人家家财万贯，他们让玛尼亚注意自己的身份，跟她说话时冷冰冰的，害怕一不小心泄露了真实想法。他们在公众面前慷慨解囊，却克扣了玛尼亚6个月的工资，为了节省灯油竟不让玛尼亚在晚上读书。他们人前甜言蜜语，背后却造谣中伤，甚至把自己的朋友也批判得体无完肤。

"我从他们身上学到了，"玛尼亚在信中写道，"书中的人物都是真实的，聪明人最好不要与视财如命的人为伍。"也许正是她18岁时懂得的这个道理，让她在多年后面临巨大的财富诱惑时，仍然丝毫不为所动。

但是玛尼亚的计划没有奏效。B氏住在镇上，在他们家里，玛尼亚每天都会产生一些花销。不过能时不时见到父亲，还能跟双翼学社的朋友们保持联系，倒是件值得开心的事情。既然下定决心执行计划，那就无论要付出什么代价，都必须坚持到底。玛尼亚发现她必须彻底离开家，去偏远的乡下找一份工作，在那里她不需要花费一分钱。这样，已经在巴黎的布洛妮亚才能按原定计划收到她寄去的钱。

很快，玛尼亚要找的工作就出现了。这份工作在乡下，离家很远，而且酬劳更高一些，每年50英镑。当然，那时候的50镑可比现在值钱多了。玛尼亚心情沉重，把自己的新地址给了父亲，尽管对他来说，这听起来并不那么陌生和遥远。

玛尼亚·斯科洛多夫斯基
Z先生—
斯图集村
普扎斯内什市附近

1月份，玛尼亚便动身前往乡下。1月的波兰，大地已被厚厚的积雪覆盖数月之久。当火车慢慢驶出车站时，她意识到自己再也看不到父亲向她招手了。这是她一生中第一次真正意义上的独自一人,她有点恐惧,有些不知所措。那个遥远村庄里的新面孔,很可能像她的上一个雇主一样刻薄无礼,而这次她将无处可逃。而父亲一天天衰老,很有可能会生病,她该离开他吗?积雪覆盖的田野在渐浓的夜色中匍匐延伸,但玛尼亚的泪水早已模糊了视线。

乘坐三小时火车后,还需要搭乘雪橇。玛尼亚裹着温暖的皮毯,在漫天飞雪的冬夜里加速前进,万籁俱寂,只有雪橇的铃铛声偶尔打破这片寂静。

在雪橇上又是四个小时。玛尼亚又冷又饿,想知道马儿什么时候能停下来。随后,玛尼亚瞥见一片光亮,一扇敞开的门和迎接她的一家人。房子的主人身材高大,他的夫人站在旁边,害羞的孩子则抓住妈妈的裙角,扑闪的眼睛里充满了好奇。女主人用热情友好的话语欢迎玛尼亚的到来,给她端来热腾腾的茶,亲自领玛尼亚去给她准备的房间,还体贴地留下玛尼亚独处,好让她暖和暖和身子,收拾她带来的旧箱子。

······

玛尼亚来到了乡村的最深处。她满心欢喜地环顾四周,墙壁粉刷得雪白,房间装饰简洁,壁炉里还有暖炉。

第二天早上,她拉开窗帘,原想看看白雪覆盖的原野和森林,可映入眼帘的却是冒着黑烟的工厂烟囱，仿佛在跟她打招呼。她后退几步，定睛一看，不是一个烟囱，而是很多个！没有树，没有灌木丛，也没有树篱！原来她来到了甜菜区。目光所及之处，除了种植甜菜的耕地之外，别无其他。整个乡村致力于种植甜菜，农民们耕地、播种、收获。这些工厂则是甜菜根精炼厂。种甜菜的工人们在工厂的墙边搭建房屋，这些屋舍组成了村庄。玛尼亚住在甜菜厂长的家里。小河里都漂满了甜菜根。

这些工厂让玛尼亚大失所望，附近大户人家的少男少女亦是如此。这里的人们谈论的话题也大同小异，比如该穿什么衣服啦，下一场舞会该在谁家办啦，上一场舞会持续了多久啦，诸如此类。有时候，Z先生和Z太太跳舞跳到下午1点才回家，玛尼亚感到非常震惊。她似乎已经忘记了自己也曾忘乎所以地跳到了早上8点。她大声喊道："给我一支漫画家的笔，因为其中有些人确实值得描绘。女孩们都是大笨蛋，她们连张嘴说话都不会。唯有我的小布兰卡，家中的长女，聪颖可爱，如一颗珍贵的明珠。"除了布兰卡，斯图集村还有一个有趣的人，那就是布兰卡的弟弟斯塔斯，他才3岁！他是家里的活宝。他吧嗒吧嗒的脚步无处不在，一会儿走到长长的走廊上，一会儿走到玻璃阳台上，玻璃阳台上的爬山虎叶子掉光了，显得有些破败。他的童言稚语更是逗乐了玛尼亚。有一次，保姆告诉他，上帝无处不在，他回答说："斯塔斯不喜欢那样，我担心他会抓住我！他会咬我吗？"

10岁的安齐亚是个问题学生，一刻也坐不住。每当家中来客人时，上着课的她也能跑出去。玛尼亚本来每天要教她四个小时，可是安齐亚永远在逃跑，玛尼亚则一直在追赶，好不容易抓住了，还得从头开始教，授课并没有如预期般快速进行。安齐亚还喜欢赖床，玛尼亚不得不每天把她拽起来，这一过程尤其使玛尼亚感到恼怒。有一天早晨，把安齐亚叫起床之后，玛尼亚花了足足两个小时才平复了心情。她一天中最快乐的时光是和布兰卡一起读书的三个小时和给家人写信的闲暇时光。"复活节的时候我会回华沙，"她写道，"一想到这里，我心里就高兴极了，天知道我花了多大力气才忍住不像野蛮人那样大喊大叫。"

　　在泥泞的乡村小路上，玛尼亚遇到了乡下的孩子们。小男孩和小女孩浑身脏兮兮的，明亮的眼睛在乱糟糟的头发下偷偷打量着玛尼亚。"他们是波兰人，不是吗？"她对自己说，"我曾发誓要启发人民，我能为他们做些什么吗？"这些衣衫褴褛的孩子们要么目不识丁，要么只认识几个俄语字母。玛尼亚想，要是为他们开设一所秘密的波兰学校，一定会很有趣。

　　听到这个主意，布兰卡很兴奋。"别高兴得太早，"玛尼亚说，"如果被抓了，等着我们的就是西伯利亚，你知道的。"她们俩都知道西伯利亚意味着什么——流放在可怕的冰冻平原上。但是布兰卡甘愿冒险，于是，两个女孩在征得Z先生的同意后，开始了授课。

幸运的是，玛尼亚的房间有一个室外楼梯，10个或18个脏兮兮的小男孩和小女孩开始爬楼梯来上课了。玛尼亚借了一张桌子和一些长凳，并用她一部分宝贵的积蓄为学生购买了练习本和钢笔。然后，好戏开始！笨拙的小手握住不听使唤的钢笔，在白纸上写下歪歪扭扭的文字。慢慢地，小鬼们发现，原来凡是能用耳朵听到的，都能用白纸黑字记录下来。目不识丁的父母们倍感骄傲，他们爬上楼梯，站在教室后面，看着自己的儿子或女儿完成这项壮举，欣喜不已。对孩子们来说，学习并不是一件容易的事情。他们时而抓耳挠腮，时而顿足搓手，时而唉声叹气，仿佛写字比把甜菜根搬上山还难。玛尼亚和布兰卡在他们中间走来走去，帮助他们完成艰难的学习。这些孩子们闻起来臭臭的，还时常心不在焉，也不是很聪明，但是令人欣慰的是，他们明亮的眼睛里燃烧着对学习的兴趣和对知识的渴望。

第六章

不幸中的万幸

夏天来临时，其他人的假期就到了，可玛尼亚没有假期。因为一年四季的大部分时间里，家庭女教师都必须留在自己的岗位上。当男孩们放假回家，女孩们赖床不起时，女教师的作用就格外突出了。玛尼亚觉得很无聊，生活一成不变，明天永远是昨天的完美复制品。上午 8:00 ~ 11:30 工作，11:30 ~ 14:00 吃午餐和散步，14:00 ~ 19:30 继续工作。傍晚，状态好的话给安齐亚读书，状态不好的话就做些针线活儿，聊聊天。到了 21:00，她终于可以自由地读书和学习了。但即使这个时候，她也有可能被打扰，被叫去做一些零碎的事情。例如安齐亚的教父需要一个人和他下棋，而刚好玛尼亚棋艺不错；又例如打桥牌三缺一的时候，别人可不管玛尼亚是不是喜欢。学习的时间越来越少了，玛尼亚对知识的渴望却与日俱增。她的书籍已经陈旧过时，她的困难无人诉说，她不知道该怎么办。成千上万的女孩涌向世界各地的大学，汲取着自己这个年龄段所需的知识和精神，有的在实验室里学习，有的在实验室里工作。每每想到这里，玛尼亚便羡慕不已。维也纳、柏林、伦敦、圣彼得堡，尤其是巴黎，对她来说好比朝圣者的圣地麦加！不，维也纳不行，柏林和圣彼得堡也不行，这些地方都是波兰殖民者的首都。但是伦敦和巴黎可以！她渴望着去巴黎，自由的巴黎，慷慨的巴黎，没有任何压迫的巴黎！它欢迎流亡者，欢迎每一个有思想的人，欢迎每一个渴望知识的人。绝望使玛尼亚支离破碎，她艰难地孤军奋战。攒钱的速度如此缓慢，令人难以忍受，而布洛妮亚还需要她多年的资助。有一天父亲也会老去，需要她的照顾。玛尼亚还有机会去上大学吗？

玛尼亚出落得美丽动人。她的额头挺拔宽阔，一头秀发光滑润泽，灰色的眼睛深陷在轮廓分明的眉毛之下，显得尤其大，眼神中透着一丝愉悦和深邃的思索。她任性的嘴角挂着一丝淡淡的笑意，让人忍不住盯着看。她肤如凝脂，举止优雅，手腕和脚腕白皙而纤细。最重要的是，她的思虑给她增添了一种神秘感，使人们不由得想认识这个女孩。

卡西米尔是这家的长子，他很高兴能在假期回家时看到玛尼亚。他回到家时，玛尼亚正在美丽的花园里修剪枯萎的玫瑰。他从妹妹的来信中听说过她，但并不相信，难道不是所有的家庭女教师都很无趣吗？

"但是……，以波兰的名义发誓！"他自言自语，"这一位不一样！"

"今天早上你的'贫民学校'放假了是吗，玛尼亚小姐？"

"哦，不！"玛尼亚说，她的脸庞像往常一样充满活力。"他们5点钟才能过来，得先完成其他的工作。"

这就是布兰卡崇拜和敬爱的哥哥，玛尼亚想，这个高大英俊、风度翩翩的大学生，对自己如此亲切友好，还对她的学生产生了浓厚的兴趣，虽然他称她的学校为贫民学校。

那天晚上9点钟，玛尼亚并没有去读书。与大学生就他所学习的科目进行真正的交谈，可以学到更多的东西。明天开始变得和昨天不一样了，夏天打破了工作的秩序。卡西米尔坚持要在船上野餐，而玛尼亚正好特别擅长划桨。玛尼亚还是骑马的好手，而马圈里有的是健壮的马匹。共有40多种马可供选择，三人从中挑出自己心仪的马匹，骑在马背上在一望无际的平原上自由驰骋了一整天。有时候，他们也会驾着马车出去野餐，卡西米尔发现玛尼亚纤细的手腕竟能熟练地操作马车的缰绳。卡西米尔不小心扭伤了左手的拇指，车夫只好独自驾着其中一辆马车，载着母亲和孩子们继续前进。

迄今为止，在卡西米尔遇到的无数的女孩中，没有一个像这个女孩一样，谈吐不凡且充满神秘感。秋天来临，当他回到华沙后，马上开始渴望圣诞节。

"我希望永远是冬天，小姐，"卡西米尔说道。"不！为什么呢？"面对玛尼亚的费解，他笑了。"爱美之心，人皆有之。还有什么比一个滑冰的女孩更可爱的呢？还有舞蹈！你跳得那么好，难道你不喜欢跳舞吗？不喜欢在冬天的星空下驾着雪橇穿行吗？"

是的，玛尼亚回到了热爱舞蹈的时代，但她仍然偏爱夏天，喜欢暑假。

"暑假？是我在家里的时候吗？"

卡西米尔很早就猜到了她的答案，他说他会马上去禀告父亲。人们通常不会娶一个家庭教师为妻，但是玛尼亚不一样，她是那么的与众不同。她受到了全家人的喜爱，父亲喜欢跟她一起散步，母亲把她介绍给所有的朋友，妹妹崇拜她。他们经常邀请玛尼亚的父亲和兄弟姐妹来做客，还在她生日那天给她送礼物和鲜花。他们一定正在等待着迎接玛尼亚成为这个家庭的新成员。

但是卡西米尔错了。当他告诉父母他想和玛尼亚结婚时，他的父亲勃然大怒，母亲几乎晕厥。他们对长子寄予厚望，他应该把全国最富有、最高尚的女孩娶回家当新娘，而不是娶一个身无分文的女教师！娶一个靠在别人家出卖劳动力而谋生的女人！

"卡西米尔，你疯了！没有人会娶一个家庭女教师！"

"没有人会娶一个家庭女教师！真是了不起！"这句话在大地回响。地球不停地围绕着太阳旋转，季节交替，周而复始。不过正因为如此，才有了我们今天所熟知的玛丽·居里夫人，而不是玛尼亚·卡西米尔·Z夫人。

但玛尼亚无法预见未来，她非常沮丧。屋子里的每个人都对她冷冰冰的，但是她不能丢下工作自己离开，因为她必须每年寄给布洛妮亚20英镑。她所能做的就是下定决心，永远也不再爱上任何一个男人。生活再一次变得重复而枯燥，日复一日。她教课，训斥安齐亚，叫醒朱力克——因为每本书籍都能让他入睡，给贫民学校的孩子上课，读化学书，下棋，跳舞，散步。只有一件事情能偶尔让她有些许激动：因为有些路标很不清楚，甚至有时候完全被雪覆盖，雪橇和乘客们一不小心就掉进了积雪的沟渠中。这时候，笑声会带回一些往日的欢乐和友善。

那时，她给家人写的信越来越长，但她常常没有邮票可以寄信，也没有钱买。"我好久没有收到布洛妮亚的来信了，"她抱怨道，"但也许她也和我一样没有邮票吧。"玛尼亚的悲伤让她变得更能理解父亲、哥哥和海拉的烦恼了。她对父亲说："别为我们操心，你已经为我们做了一个父亲所能做的一切；毕竟，你培养了我们良好的品质，不是吗？我们会自食其力的，你会看到那一天。"她在给哥哥的信中写道："约瑟夫，想办法借100卢布，留在华沙吧，不要在乡下埋没你的才华。也不要因为我给你提建议而生气，还记得我们曾经约定，要想到什么就说什么吗？如果去乡下行医，你的一身才华将无处施展，更遑论前途。没有药店，没有医院，也没有书籍，医生只会变得越来越愚蠢，无论他有多少雄心壮志。亲爱的哥哥，如果这件事发生在你的身上，我会非常难过的。我已经对我自己失去信心了，把我全部的希望寄托在你和布洛妮亚身上。你一定不要埋没我们家族的天赋，我们中必须有一个人要将它发挥出来。我对自己的绝望越深，对你的期望就越大。"那时候，海拉也被爱人抛弃，玛尼亚对她无比同情，也由此对年轻的男人愤怒不已。"说真的，"她写道，"我们应该把人往好的方面想！但是如果他们不想娶贫穷的女孩，就让他们见鬼去吧。没有人要求他们这样做，可为什么要爱上她们，又弃她们而去，让她们悲伤呢？"

那是玛尼亚人生中的灰暗时刻。她担心自己会被愚蠢的学生影响，这也是许多老师所担心的。她曾经伟大的梦想现在看来似乎很可笑。她写道："我现在唯一的梦想就是拥有一个自己的角落，在那里我可以和父亲一起生活。只要给我一点点独立感和一个家，我愿意付出一半的生命。如果我可以离开Z家，虽然这似乎不太可能，我会在华沙的一所寄宿学校工作，然后通过私人课程获得一些额外收入。这就是我所有的期望，生活不值得我这样担心操劳。"确实，那是一段糟糕的时间。但是幸运的是，有一本名为《尼曼河河畔》的小说点醒了她，这不是真正的玛尼亚。"我的梦想哪里去了？"她给布洛妮亚写信道，"我想为波兰的人民工作，我想教会村庄里的男孩和女孩读书，然后唤醒他们，让他们思考自己是谁，他们能为这个世界做些什么！可这都是遥不可及的梦想，现实生活如此艰难，而我也逐渐沦为狭隘平庸之辈。突然间，这本小说让我为之一振，也让我痛苦不已。"与此同时，她给堂姐写信："我的生活充满黑色幽默。我每日与西风、雨水、洪水、泥浆为伴。这里连一丝霜都没有，我的溜冰鞋只能可悲地挂在衣柜里。你们可能不知道，在这里，一个霜冻的小洞跟加利西亚的保守党和自由党之间的辩论一样重要！千万不要以为你们的故事很无趣，相反，听到地表其他地方还有人在活动甚至思考，是一件令人高兴的事情！我一度颓废无法自拔。但是后来，我摇了摇自己，摆脱了噩梦，对自己说：'不要被任何人或事击垮。'但是对新事物、新环境和新活动的渴望时不时驱使着我，让我想去做一些彻头彻尾的疯狂举动，以终结这种一成不变的生活。让人庆幸的是，我还有很多工作要做，所以不至于被这种愚蠢的念头控制住。"

第七章

变 化

　　玛尼亚渴望变化，她想改变，她要去旅行。她听说一个住在华沙的学生去了遥远的比利时度假，需要一名随行教师，于是决定去比利时与她会合。踏上旅途后，玛尼亚突然怀疑自己是否真的喜欢这样巨大的改变。她要独自旅行，还要换五班火车，一定会迷路的。要么晚上睡觉时，小偷可能会潜入她的车厢。但是这些事情都没有发生，最终，玛尼亚安全地见到了她的雇主，进入了一个全新的世界——一个充满财富而她也可以享受其中的世界。学生的母亲美丽迷人，玛尼亚人生中第一次近距离欣赏到设计师沃思制作的漂亮礼服，还用手指抚摸了柔软的皮毛和璀璨的珠宝。

这一家人站在悬挂着伟大画家画作的墙边，凝视着她，等待着和她成为朋友。玛尼亚在财富创造的可爱事物中穿梭，她享受着聚会、舞会、欢乐和音乐的魅力。更重要的是，这些有钱人温和且善良。F太太很喜欢玛尼亚，带她四处游览，向自己的朋友介绍她为"精致的斯科洛多夫斯基小姐"。

我们不知道玛尼亚对此做何感想，因为她身上将发生更激动人心的事情。在大厅桌子上，放着一封印有巴黎邮戳的信，上面有布洛妮亚·斯科洛多夫斯基的笔迹，收件人是"斯科洛多夫斯基小姐"。这封信写在一张从方形练习本上撕下来的纸上，似乎是在两堂课的间隙匆匆写下的。大消息！布洛妮亚要结婚了！布洛妮亚说等她有了自己的房子，就邀请玛尼亚去巴黎和她同住！巴黎！……大学……难道她的梦想要实现了？

但事情并没有那么简单。不久前，玛尼亚就知道布洛妮亚即将与巴黎最聪明、最英俊、最讨人喜欢的波兰学生订婚了。和玛尼亚的爱人一样，他的名字也叫卡西米尔，卡西米尔·德鲁斯基。因为他涉嫌参与某个阴谋，所以他不得不逃离波兰。巴黎应沙皇警察的要求对他进行监视，并在巴黎宪兵队的册子里记录了关于他的各种不利信息。但是尽管如此，他仍是一个年轻有为的医生，而且他要和布洛妮亚结婚。这样，布洛妮亚永远都不能回华沙照顾她的父亲了。指望海拉照顾人是没希望了，这样，照顾父亲的重担就落在了玛尼亚的肩上。

按布洛妮亚的说法，未来多么可爱，多么美妙，多么理想啊！但是玛尼亚回信道："我曾经是一个傻瓜，现在也是一个傻瓜，我一辈子永远都是个傻瓜。或者翻译成更时尚的语言：我过去没有任何好运！现在也没有任何好运！我永远都不会有好运！"不幸总是接二连三发生在玛尼亚的身上。她接着说："一方面，我曾经梦想着去巴黎，把巴黎当成我的救赎，但是在很久以前，我放弃了去那里的希望。而如今到达那里的机会已经来临，我却不知如何是好。我没法和父亲谈论这件事，因为我知道他现在满心规划着明年和我一起的生活，我也想让他的晚年更加幸福一些。另一方面，人的天赋应该得到发挥！一想到我的天赋被埋没，我便心痛不已。"正是这种天赋应该得到发挥的信念，促使她在同一封信中敦促布洛妮亚收起自己的骄傲，极尽阿谀逢迎之能事，乞求一个有钱的朋友助约瑟夫一臂之力。玛尼亚认为，这不仅仅是帮助约瑟夫，世界也会因为他的才能而受益。玛尼亚一生都坚信，人类最崇高的事业之一就是帮助有天赋的人发挥自己的天赋，造福世界。她在信中说："我现在很消极，很难过，我知道我不应该和你谈论这些事情，这是不对的，可能会影响到你的幸福。"

于是，玛尼亚回到家，打算跟父亲一起在自家的小房子住上至少一年。在其他人看来，这似乎很乏味，但玛尼亚很有头脑，并且她在和父亲的对话中获得了以往没有的启发。她还重返了神秘的"双翼社团"，与社员进行了交流和研究。

但是，命运总让人意想不到。5月，走在克拉科夫绿树成荫的幽静街道上，闻着绿草如茵的66号庭院传来的紫丁香的香气，人们很难想到，这里会有什么令人惊讶的或震惊世界的事情发生。庭院里的丁香花旁，有一栋带有狭小窗户的单层建筑，门上写着"工业和农业博物馆"几个大字。难道这里收藏着古老犁头和史前的铁锹？都没有！俄国允许博物馆的存在，因为一直以来，博物馆都沉默得恰到好处。不过，有才华的人可以在博物馆任教。玛尼亚的表哥是这间博物馆的馆长，也在此秘密教授科学。他有一个实验室，学生们可以在这里触摸仪器，亲手做实验。

这是玛尼亚·斯科洛多夫斯基生命中第一次进入实验室！而这将给世界带来巨大的变化。她不能经常去实验室，只能等到晚上和星期日。实验室里没有老师可以教她，她只能独自一人尝试重现教科书中描述的实验。实验结果无法预料，有时候一次小小的成功使她瞬间充满希望，而有时候一次意外的失败也令她绝望不已。但不变的是，获得一个新发现和寻找新发现的过程都会让她狂喜。

深夜时分，玛尼亚回到家，蜷缩在床上，似乎有什么东西控制住了她，在她的脑海里挥之不去，在黑暗中对她诉说。她久久不能入睡，好像身体里有另一个人在跟自己说话，鞭策着她，催促她起床做些什么。这将成为玛尼亚一生的事业，而她无法逃避。博物馆里的试管和蒸馏瓶跟父亲的物理仪器同属一类，都是她喜欢的。玛尼亚·斯科洛多夫斯基终于找到了真正的自己！她灵巧的双手注定要一生摆弄试管、火焰、元素和金属，而她聪明的大脑则需要根据手中的实验得出结论，展望未来。

她该怎么办呢？双手和大脑说她应该去！感情却让她留下来陪伴父亲和兄弟姐妹，还有她的爱人卡西米尔·Z先生，他仍在努力赢得父母对两人婚姻的认可。假期，两人见面了，他们一起在山中行走，卡西米尔不断诉说着自己的困境，并向玛尼亚寻求建议。

"如果你自己都想不到办法，"玛尼亚用尽了最后一点耐心，呼喊道，"那就不要问我。"她至少知道自己的真实想法，她急忙写信给布洛妮亚："给我一个明确的答案，我不会给你带来任何麻烦，让我睡哪里都可以。但是，我恳求你，诚实地回答我。"

布洛妮亚坦率地回答了玛尼亚。如果电报不那么贵，她肯定就发电报了。如果玛尼亚没有那么多事情要安排，她肯定就坐下一班火车出发了。她把所有的积蓄摊在桌子上，和父亲一起数了数，父亲也添上了自己的全部。这些圆形的卢布就在他们眼前，摆放在桌上，它们使得去巴黎成为可能，但也仅限于此。

就算一路都坐三等车厢，玛尼亚也负担不起。在波兰和法国，三等车厢是最便宜的，但是德国还有四等车厢。四等车厢就是一连串行李车厢，没有隔间，除了四边各有一条长凳，车厢中间光秃秃的，有的人会自己带一条凳子坐在车厢中间。玛尼亚也可以这样做。为了节省在法国的开支，她不得不携带很多行李，但是火车最多可以托运她的床垫、毯子、床单和桌布。她唯一需要买的是一个便宜又结实的木质行李箱，她自豪地在行李箱上标记了M.S.——她名字的首字母。她把结实耐用的衣服、鞋子和两顶帽子装进箱子里。然后整理好了旅途中需要的包裹：火车上三天的食物和饮料、凳子、书本、一包焦糖和一床毯子。

就这样，玛尼亚开始了巴黎之旅。24岁的她，眼睛里洋溢着渴望和喜悦。期待已久的冒险正式开始！

第八章

"我抓住太阳,又把它扔了……"

"我抓住太阳，又把它扔了……"听到这句话，玛尼亚不禁笑出了声。玛尼亚在哪里？她在巴黎的中心，这里充满着自由，这里到处发生着有趣的事情，这里的人们轻松自在。在这里，她敬爱的保罗·阿佩尔教授可以随心所欲，用自己喜欢的方式，传授自己想传授的知识。他讲授真理时，人群从四面八方涌向他的课堂。

玛尼亚早早就来到索邦大学，挑选了半圆形教室的前排座位。她把笔记本和笔架整齐地摆放到面前的桌子上，等待上课。周围都是寻找座位的学生，人声鼎沸，但是玛尼亚什么都听不见，因为她沉浸在自己的思索中。教授进来了，教室里顿时鸦雀无声。在座的学生都是热血沸腾的数学家，他们等待着一场思维的盛宴。

阿佩尔身穿黑色长袍，显得庄重严肃，他晃动着方方正正的脑袋，向学生们讲授天文地理。在他的课堂里，星星们会乖乖地移动到自己的轨道，地球也要听从他的指挥。他大胆地冒险，带着学生们徜徉到太空的最远处，和星星们嬉戏玩耍。就这样，无比自然地，他说出了那句话："我抓住太阳，又把它扔了……"还配上了相应的动作。

玛尼亚太高兴了。怎么会有人认为科学乏味无趣呢？宇宙永恒不变的规律多么精妙，而人类的思想竟然能够理解这种精妙，这又是多么美妙的一件事情啊！科学难道不比童话故事更奥妙奇幻，不比冒险故事更精彩绝伦吗？玛尼亚觉得，就为听到智者的这一句话，遭受再多的痛苦也值得！——"我抓住太阳，又把它扔了……"

但是玛尼亚在巴黎的收获远不止这些！当她跳下火车，第一次来到烟雾弥漫、喧闹嘈杂的北站，她挺起胸膛，深吸了一口气，丝毫没有察觉到周围的浓烟。她第一次呼吸到一片自由土地上的空气，车站外面的一切对她来说都不可思议。贫民区的孩子们嬉笑打闹，用的是自己的语言！对一个不得不说俄语的波兰姑娘来说，这简直难以置信。书店可以自由销售各种各样的、来自世界各地的书籍。这一切真是奇迹！

玛尼亚跳上公共汽车，迫不及待地爬上了顶层的低价座位，这是她生平第一次搭乘公共汽车。最神奇的是，车轮下的这条路正把玛尼亚·斯科洛多夫斯基带去一所向女性敞开大门的学校！多好的大学啊！索邦大学是世界上最有名的大学之一。连德国人路德都承认，巴黎拥有全世界最好的学校。这所大学正在重建，工人遍布，到处都是尘土和噪声。随着施工进度的推进，学生们不得不一次又一次地更换教室。但这都无关紧要，重要的是，玛尼亚终于来到了梦寐以求的大学！

从那时起，她开始使用法语名字——玛丽，不过姓氏还是维持原样。年轻的同学们觉得她的姓氏太难发音，这也是导致她受到孤立的原因之一。在长长的走廊上，学生们忍不住回头看这个衣着破旧、头发浓密却眼神坚定的陌生人。"她是谁？"其中一个学生问道。"一个名字很奇怪的外国人，"另一个回答道，"听说她一直是物理课的第一名，不过不怎么说话。"

玛丽必须非常努力地学习。因为她不知道自己和同学有多大的差距，和他们相比自己会显得多么无知。她的法语也不如自己想象的好，有时候上课她听得稀里糊涂，不得要领。就连数学和物理，她也差了十万八千里。她决定奋发图强，弥补自己的不足，迎头赶上。

最开始的一段日子，玛丽跟布洛妮亚和卡西米尔住在一起，日子过得很舒心。布洛妮亚把家里收拾得井井有条，住起来非常舒服。她在巴黎的郊外租了这间比较便宜的屋子，又借钱购置了一些家具，做了简单的装饰。布洛妮亚可不是那种担心还不起钱而活得小心翼翼的人，她要用好看的物件装饰这个温馨的家，比如漂亮的窗帘，优雅的家具，一架钢琴和一只插着娇艳鲜花的花瓶。厨房虽小，也不妨碍她大显身手，她烹饪精美的菜肴，烘焙香甜的蛋糕，用特地从波兰寄来的茶叶沏茶。在她心里，有些东西是巴黎无法生产，也不能替代的。

和中世纪一样，她们居住的街区附近大部分的居民都是屠夫，所以德鲁斯基医生的病人也多为生病的屠夫。他们腾出一间小书房作为德鲁斯基医生的门诊室，白天有特定几小时的接诊时间。其他时间，这间书房就成了布洛妮亚的诊室，她要给屠夫的妻子和孩子看病。到了晚上，两位医生把工作抛到一边，怂恿刚来巴黎的妹妹参加各种娱乐活动。如果有闲钱，他们就带玛尼亚去剧院，当然只能买最便宜的票。如果没钱，也可以在家来一场钢琴音乐会，或者邀请流亡的波兰朋友来开茶话会，大家围坐在茶桌旁，品尝着布洛妮亚亲手制作的蛋糕，有说有笑。玛尼亚经常早早从聚会中抽身出来，回到房间里独自学习，因为她觉得自己没有时间玩。

"快出来，书虫小姐！"有一天晚上，卡西米尔喊道，"波兰在呼唤你，这次你一定要去。帽子和大衣，快拿上！我有音乐会的免费门票。"

"但是……"

"但是什么但是！就是我们经常谈起的那个年轻的波兰人，今天没什么人买票。我们必须去给他撑撑场，我还请了一些志愿者，我们会给他鼓掌，让他觉得自己的演出很成功。你不知道他弹得有多好！"

看到姐夫那双闪闪发亮的黑眼睛，玛丽无法拒绝。她急忙下楼，一边穿衣服，一边跑去赶那辆旧马车。不一会儿就到了音乐厅，观众很少，一半的座位都没能填满。玛丽坐在半空的大厅里，看到一位高高瘦瘦，面庞清秀，长着红头发的男士走上舞台，打开了钢琴。玛丽倾听着，李斯特、舒曼、肖邦在竟在他的妙手下重生了！玛丽听得激情澎湃，感动不已。在玛丽看来，这位衣着破旧的演奏者绝不是一个不起眼的初学者，而是一位国王，甚至是一位神。

德鲁斯基先生邀请这位钢琴家来他们家做客。他来时还带着美丽的未婚妻，玛尼亚的母亲认识这个女孩。斯科洛多夫斯基太太曾经说过，这个女孩过分美丽，如果这是她的女儿，她永远都不会带她出门。有时候，这个头发浓密的年轻男子会去弹德鲁斯基的钢琴，他演奏的音乐犹如天籁，屋子里所有平凡的事物似乎都因此而变得崇高。要知道，这位演奏者有一天会成为世界名人，他是一个钢琴家，也是自由波兰的总理，这个人就是帕德雷夫斯基。

不过这时离那一天还很遥远。1891年，玛丽生活在巴黎的一群波兰流亡者之中，他们似乎要在法国城市中建造一座波兰小镇。他们很年轻，很快乐，但也很贫穷。在一年的各个节日里，他们会聚在一起，聚会的所有元素都尽可能地波兰化。他们吃波兰蛋糕，表演波兰话剧，用波兰语打印节目单，用波兰风景画装饰屋子：茫茫大雪中一间小屋遗世独立，满怀梦想的男孩俯下身读书，圣诞老人往烟囱里扔科学教科书，一只被老鼠咬过的空钱包，等等。每一次表演话剧，玛丽都会非常认真地研究角色。在一场戏中，她扮演了"打破枷锁的波兰"。当时，她身着一袭古代长袍，裙摆是波兰国旗的颜色，摇曳生姿，浓密的秀发勾勒出斯拉夫民族的脸庞。所有年轻人都向她致敬，把她当作波兰的象征。

然而，即使在自由的巴黎，表现出对波兰的爱也是一件危险的事情。斯科洛多夫斯基先生恳求玛尼亚不要再参加类似的活动，因为这些活动很有可能会出现在报纸上。他写信给玛尼亚："你知道的，巴黎有些人专门记录参加波兰活动的人的名单，这可能给你带来麻烦，妨碍你今后在波兰找工作。避免引人注目才是明智之举。"

就算父亲不提醒，玛丽也不想参与太多活动。她想把所有的时间留给工作，她想独自生活，不受钢琴的打扰，远离姐夫的喋喋不休，不用接待不期而至的朋友。她想住得离学校更近一点，这样可以节省车费和坐车的时间。

于是，玛丽离开了温暖舒适的姐姐家。在姐姐和姐夫的陪伴下，开始寻找自己的住处，开启了她的孤独之旅。

她开始了自己梦想中的生活，这是一种放弃一切，全心全意投入学习的生活。她每周的生活费只有一英镑，甚至更少。此外，她还必须为自己的房租、食物、衣服、纸、书本和学费买单。她能做到吗？这是一道数学题，幸运的是，玛尼亚擅长数学，但是这个特殊的问题需要一些特殊算法。"啊！"她想，"我不需要吃太多！"她从来没有时间学习做饭，朋友嘲笑她连煮汤该放什么都不知道。她确实不知道，也没有时间学习。她从来没有想过占用学习物理的时间来准备晚餐。因此，她以面包、黄油、樱桃和茶为主食，偶尔吃上一个鸡蛋或一块巧克力。

她租的房子很便宜，一周只要4先令6便士。房子是屋顶下的一个阁楼，阳光只能从一个倾斜的窗户里照进来，没有暖气，没有煤气，也没有水。所谓家具，寥寥可数：一张折叠式铁床架，一个波兰床垫，一个炉子，一张松木桌，一把厨房椅，一个洗手盆，一盏昏黄的油灯，一个用来去公共水龙头接水的水桶，一盏用来做饭的酒精灯，两个碟子，一把刀，一个叉子，一只勺子，一个杯子，一口锅，一个水壶和三个玻璃茶杯。有客人来访时，她的行李箱可以坐下两个人。

玛丽一年需要两麻袋木炭，她从街上买来炭，然后一桶一桶地提上六楼，这就是她所有的取暖设施了。她几乎不需要灯，因为天一黑，她就去圣杰纳维夫图书馆读书。她的胳膊肘撑在长桌上，双手扶着头，一直学习到晚上10点图书馆关门才离开。回到家，她点上油灯继续学习，直到凌晨2点才睡觉。

这样，食物、房子、取暖和灯光的问题就都解决了。至于衣服，玛丽可以自己缝制和清洗。勤换洗，坏了自己缝补，照样可以让自己保持整洁，根本不用买新衣服。她可以在自己的洗手盆里洗衣服，只不过耗费一点肥皂。

这就是她计划的生活，没有太多花费，没有什么可以打扰她的学习。但是她的身体时不时向她发出警告。玛丽常常感到惊讶，当她看完书起身时，会感觉头晕目眩；有时候她准备睡觉，还没躺好就昏过去了。恢复意识后，她知道自己一定生病了，但她没有放在心上，只是觉得自己很快就会好起来。

医生姐夫告诉玛丽，她可能生病了，但她借口说自己只是忙于学习，然后马上把话题转移到小宝宝身上。她特别宠爱布洛妮亚的刚出生的宝宝，这个小家伙很能吸引玛丽的注意力。

有一天，玛丽在公众场合晕倒了。幸好有个女孩看到了昏倒的玛丽，马上叫来了卡西米尔。等他到达的时候，玛丽已经醒了，但卡西米尔执意要给她做检查，然后又一言不发地审视了玛丽的房间。"食物柜在哪里？"卡西米尔问道。玛尼亚根本就没有所谓的食物柜，屋子里也没有任何进食的迹象，只有一小包茶暗示玛丽喝了点东西。

"你今天吃了什么？"姐夫用医生的口吻问道。

"今天？……我不知道……，我吃了午饭……"

"你吃了什么？"

"樱桃……，哦，吃了一堆东西……"

最后，玛丽不得不承认，从昨天开始，她吃了一大堆萝卜和一些樱桃。她一直工作到凌晨3点，只睡了4个小时。

医生很生气，对玛尼亚这个傻瓜很生气，到现在她还若无其事地眨巴着灰色的大眼睛。但是他对自己更加生气，因为没有早些发现头脑聪明的妹妹在生活中竟如此大大咧咧。

卡西米尔严厉地命令玛丽收拾一个星期所需的行李，跟他一起离开。他气得说不出话来。到了家里，他赶紧让布洛妮亚买来牛排，煎到半熟，牛排还带些红肉汁，再配上脆土豆片。然后勒令玛丽斯斯文文地吃掉它。在不到一周的时间里，玛丽又变成了一个健康的女孩，像她刚来巴黎时那样。

因为玛丽担心接下来的考试，所以她暂时被允许回到阁楼，条件是要好好吃饭。可惜好景不长，第二天她就重蹈覆辙了。

学习！……学习！……玛丽感觉自己的大脑在一天天成长，手也变得越来越灵巧。很快，她就以一纸原创性的研究报告获得了利普曼教授的青睐，并赢得了展示自己的才能和创造力的机会。每天早上6点，都能看到这样一幅画面：穿着粗糙实验服的玛丽，站在索邦大学物理实验室的橡木桌子前，目不转睛地盯着一堆精密的仪器，或者全神贯注地凝视着持续沸腾的神奇物质。她的周围还有很多同事，但大多数是男性。实验室里寂静无声，因为他们正在做的事情让人着迷，比闲聊有趣多了。

实验结束后，男孩们喜欢簇拥到女孩们身边，跟她们说话，和她们交朋友。大家渐渐熟悉起来，玛丽也没有刚开始冷淡了。但是男孩们越来越黏人，非要和她们结伴同行，玛丽的朋友迪杜斯卡小姐不得不用阳伞将他们轰走。玛丽没有时间交朋友，她要全心全意投入工作中。她有着钢铁般的意志，对完美的疯狂热爱和不可思议的固执！

1893年，玛丽获得了物理学学位，1894年又拿到了数学学位。她物理学名列第一，数学名列第二。她想要说一口完美的法语，不允许自己的法语中带有一丝波兰口音。她想像法语人一样发音，只是发"r"音时不可避免地带了一点卷舌，虽然这不是她有意为之，却给她增添了几分独特的魅力。

即使再忙，玛丽也要去欣赏巴黎的鲜花和春天。身在巴黎的她从未忘记自己是一个波兰农民，她属于田野，属于自然。她在乡下度过了周日，和朋友们一起欣赏丁香花，感叹花朵盛开的果树，呼吸了花香弥漫的空气。

当炎热的7月到来时，还有另一场考试等着她。玛丽很紧张。她和另外30个人坐在考场里，空气凝重，让人无法呼吸。玛丽直愣愣地盯着那张考卷，考卷上的字仿佛在她眼前翩翩起舞。她振作精神，开始答题。考试终于结束了，和其他人一样，玛丽怀着忐忑不安的心情焦急地等待着成绩公布的那一天。这一天终于来了，她溜进巨大半圆形教室的一角，等待结果的宣布。人群中有许多学生和家长们，玛丽觉得自己十分渺小，因为她确信自己肯定考砸了。

突然，谈话声戛然而止，教室里一片寂静。原来是考官进来

了,手里还握着一份名单。玛丽还没回过神来,考官已经说出了第一名的名字:

玛丽·斯科洛多夫斯基。

紧接着,玛丽迎来了假期。她满心欢喜,因为可以把好成绩,还有礼物带回波兰的家中!这一次,她可以花光所有剩下的钱,是的,所有的钱,每一分钱。她要为父亲、约瑟夫和海拉挑选礼物,还要准备上千公里的旅程中所需的食物。即使身无分文也要满载礼物而归,这是每一个波兰人不可打破的习俗。

在漫长的夏天,波兰各地的亲戚热情地款待了玛丽。可困扰玛丽的问题是:秋天的生计如何维持?她该如何一边上大学,一边每周存下一英镑以备来年之需呢?迪杜斯卡小姐再一次撑着阳伞出现了,虽然不知道这一次是用来赶走谁的。她说服了华沙当局为玛丽提供奖学金,她信誓旦旦地告诉他们,这个女孩将给他们的城市带来荣耀。不久,玛丽就收到了好消息,她将获得60英镑的亚历山德罗维奇奖学金!这意味着下一年的学费和生活费有了着落。她小心翼翼地保管起来,精打细算,尽可能多维持一段时间。后来,有了收入之后,玛丽开始攒钱,想把这笔奖学金尽快还回去,这样其他贫穷的学生也可以体会她的快乐。几年后,当奖学金管理处秘书收到这笔退还的奖学金时,他惊讶不已,从来没有其他学生想过要归还这笔奖学金。

很快，玛丽又回到了自己的工作岗位。对她来说，这并不是烦琐的工作，而是她一生追求和深爱的事业。那是艰苦的学生时代，也是玛丽一生中最好的时光。那时，尽管一贫如洗，孤身一人，但她拥有年轻的力量，朝气蓬勃，奋发向上，活出了真正的自己。她被称为"永恒的模范生"——每一个关于大学的古老传说中都有这样的人：他们年轻、贫穷，近乎贪婪地渴求知识，他们相信上天赐予自己天赋以完成特定的使命，并不惜一切代价完成这一使命。

在昏黄的灯光下，玛丽辛勤地工作着。她深知自己正与伟大的科学家们一起，为人类的进步而奋斗。虽然没有什么经济来源，

但是她依然可以活得无忧无虑、欢欣愉快。真理是她每天的乐趣之源，这种乐趣偶尔会被一双穿坏的旧鞋破坏。因为换一双新鞋会打乱她好几周的生活，她将承受比以往更甚的饥饿和寒冷。一天晚上，她感到异常寒冷，于是她取出行李箱中的所有衣服，将它们堆在了床上。可她还是很冷，房间里除了一把椅子，再没有什么可以盖在身上的东西了。于是，她拖来椅子，盖到最上面，然后纹丝不动地睡到了第二天早晨——因为她担心这个奇怪而温暖的椅子会掉下来。

有时候一觉醒来，水壶里的水冻成了冰。但她依然热爱那些日子，还写了一首小诗纪念：

那是一段艰苦的岁月

周遭的青年

或追寻享乐，或沉迷安逸

唯她孑然一身，日复一日，寒窗苦读

却也自得其乐，踌躇满志

时光拖着她向前

知识和艺术渐行渐远

更多是柴米油盐，一日三餐

她时常感慨叹息

当年小小的阁楼一隅

多么安静，多么专注

多么珍贵的回忆！

第九章
玛丽的爱情故事

玛丽陷入了困境。这不是第一次，也不会是最后一次。她接到了一个很有趣的科研项目，可她没有工作室。全国实业促进协会邀请她对不同种类钢铁的磁性进行研究，并就此发表一篇论文，这正是她喜爱的工作。她已经在利普曼教授的实验室里完成了大部分的工作，但是实验室没有足够的空间容纳她需要的所有重型仪器。接下来，她还需要分析矿物质和一组金属样本，可她不知道在哪里可以租到位于地面的实验室。她把自己遇到的麻烦告诉了一位科学界的波兰朋友——科瓦尔斯基先生。他和妻子一起来到了巴黎，正在一边度蜜月，一边做科学方面的讲座。

科尔瓦斯基先生面色凝重地看着玛丽，他知道这件事情的重要性。可他在巴黎，不过是一个初来乍到的异乡人，又能给出什么好的建议呢？

"我有一个主意！"思索片刻后，他脱口而出，"我还真认识一个在罗蒙大街的物理化学学院工作的人，他还算是个重要人物。也许我们可以问他借到实验室，或者至少可以让他给咱们提一点建议。明天晚饭后过来喝茶吧，我会邀请他过来。他很有名，你一定听过他的名字，皮埃尔·居里。"

当玛丽走进科尔瓦斯基夫妇下榻的寄宿公寓时，她瞥见了站在阳台窗户边上的那个高高瘦瘦的年轻人。她原本料想的是一个已经功成名就的中年男士，可他看起来太年轻了，这使玛丽非常震惊。这位陌生人的身上散发出一种不同寻常的气质，一种从容，一种优雅，这种气质在他宽松的衣服下尤为突出。互相介绍认识后，他欢迎玛丽的到来，眼神澄澈而透明，这让他看起来真挚、单纯而年轻。玛丽喜欢他略带严肃却如孩子般的微笑。他们立刻讨论起了科学，不正是科学指引着他们相遇吗？

他生来与众不同。他是医生的儿子，在很小的时候，皮埃尔就意识到自己不会循规蹈矩，走大多数人所走的路。皮埃尔不想上公立学校，于是家里给他请了私人教师。他在家中长大，父母对他宠爱有加，悉心陪伴，唯一的哥哥也对弟弟百般爱护。他沉迷于科学，热爱思考，经常在日记中写下自己的见解。很年轻的时候，他在日记里写下这样一段话："女人，生来热爱生活，而男人却做不到。女人中鲜有天才。因此，当我们脱离日常生活，全身心投入一项伟大的工作时，我们就不得不与女人周旋。母亲渴望得到儿子的爱，即使这种爱会让儿子变成低能儿。一旦女人坠入爱河，为了转瞬即逝的爱情，她们不惜牺牲世界上最伟大的天才。"

　　这样看待女性确实有失公允,但是皮埃尔有他的原因。一般情况下,他的观察和判断都非常准确,而他也确实为初恋所伤。他对此绝口不提,并发誓终身不娶。在这个命中注定的夜晚,当他与玛丽讨论科学时,他已经35岁了。在法国,他鲜为人知,甚至湮没无闻,这是法国对待伟人一贯的致意方式——让他们感受到刻骨铭心的忽视,但这并不会使伟人失色。

但在法国之外,他早已声名远扬。他和哥哥共同研究的微量电测量方法已为其他国家的科学家广泛使用,大家对此心存感激。他独立研究的晶体对称性原理为现代科学奠定了基础,他用自己的名字命名了新的天平和新的物理定律。他如开尔文勋爵一般享有盛誉,却只能拿到一个高级技工的工资——每星期3英镑。

不过,他的贫穷都是自己一手造成的。他曾经得到了一份高薪的职位,但毫不犹豫地拒绝了:"不,谢谢你。这种工作是对精神的最大的摧残。"他也曾被提名授予政府荣誉,可他却恳求将他除名,并下定决心不接受任何形式的浮名虚荣。

这位严谨而坚定的科学爱好者站在玛丽跟前,与她相谈甚欢。他把修长而敏感的双手撑在桌子上,平静而澄澈的双眼用深沉、镇定、超然的视线审视着玛丽。突然,他想起了自己过去的见解——"女人中鲜有天才。"

四个人刚见面时,谈话内容很日常,与其他刚认识的陌生人并无二致。但很快,皮埃尔和玛丽进入了科学领域。玛丽不就是为了科学事业而来吗?她带着敬意,向这位看上去如此年轻的伟人提问,并听取了他的建议。然后,皮埃尔谈到了他自己,这是他过去鲜少谈论的。他向玛丽诉说着他的梦想,谈到了让他欢喜让他忧的晶体学,还告诉玛丽他正在寻找晶体学的定律。他的脑海里突然涌现出一个念头:太奇怪了!自己居然在和一个女人谈论自己喜欢的工作,还运用了一堆技术术语和复杂的公式。而这个女人虽然很年轻，却浑身散发着魅力，她阐述着自己独到的见解，展示着自己对细节的完美掌控……多么奇妙的体验！他再次望向了玛丽，她可爱的秀发，她那双被化学物质和家务打磨得粗糙的手，她的优雅，她的不事雕琢——好一个让人着迷的天生尤物！这个女孩在波兰工作多年，一心为来到巴黎求学。而现在，她就在巴黎。她独自一人，身无分文，在阁楼里孤军奋战。

"你会一直留在巴黎吗？"他问道。

"不，当然不会。"玛丽回答道，"今年夏天要是通过了考试，我就回华沙。我想秋天的时候回去，不过我还不知道我是不是负担得起旅费。最后，我应该会在波兰的一所学校教书，努力做一个有用的人。波兰人不能抛弃自己的祖国。"

两人的话题转移到了波兰经受的苦难，还有波兰的压迫者。听完这个为人类自由而奋斗的故事，原本一心钻研科学的皮埃尔感到既惊讶又悲愤。他也许在想，如果科学家不能潜心研究，真理和知识将遭受多少的损失啊！他也许还在想，从现在开始他必须与波兰竞争，把这个难得的科学天才留在巴黎。无论如何，他不能与玛丽失去联系。他开始经常去物理学会，因为玛丽会去那里了解新的科学发现。他寄给玛丽一本自己写的限量版新书。他时不时跑去利普曼教授的实验室，看穿着亚麻衣裳的玛丽专心致志地捣鼓她的科学仪器。

皮埃尔问了玛丽的住处，然后去了皇帝大道11号。也许他对这条街的印象还停留在巴斯德曾经住过的地方。爬上六层楼梯之后，他进入了阁楼。眼前穷困潦倒的景象让这位从小衣食无忧的医生儿子触动不已。但是玛丽却能很好地适应这一切！当她穿着磨破的裙子，穿过空荡荡的房间走向皮埃尔时，皮埃尔觉得她从未如此可爱。她如此瘦弱，如此淡雅，却又如此热情似火，我行我素，她在空空如也的房间里显得如此美丽动人。

皮埃尔所有的烦恼都烟消云散了，就像太阳冲破浓雾一般。交谈过后，皮埃尔带着焕然一新的心情回到了工作中。本来觉得微不足道的事情现在却有了重量，越发清晰。他关于新理论的文章成为最杰出的博士论文，他还发现了一个不仅没有扼杀天才反而唤醒了天才的女人。他更加坚定了自己的崇高理想，也全心全意地爱着玛丽。

但玛丽的心意如何呢？皮埃尔试图找到答案。他带玛丽去了美丽的法国乡村，这是他们都喜欢的地方。他们一起采雏菊，并将它们带回家，给阁楼增添了几分洁白和优雅的气息。他带她回到巴黎郊外索城的家中，把她介绍给他的母亲和性格开朗的老父亲。玛丽觉得这里好像自己的第二个家，跟华沙的家一样。这里的人们平易近人，彼此相爱。他们喜欢书籍，喜欢大自然，尤其喜欢科学。他们谈到美丽的波兰，谈到玛丽在绵延无边的草地上穿行，谈到玛丽期待着去瑞士山脉度假的喜悦。

"但是你10月就要回去了？"皮埃尔惊呼道，心中突然一凉！

"放弃科学是一种罪过。"

玛丽当然知道皮埃尔想说什么,他的意思是放弃他会是一种罪过。

但是波兰让她不能释怀。她抬起头,略带羞涩地看着皮埃尔,说道:"你说得对,我应该还会回来的。"

不久之后,皮埃尔鼓起勇气说出了自己心中所想,他向玛丽求婚了!但玛丽拒绝了,她不能嫁给一个法国人,这意味着背弃波兰。他们就此讨论了很多次,皮埃尔知道科学站在自己这一边,科学是属于世界的,没有人应该为了一国之利而放弃科学。

就这样,放假了,玛丽再次回到了波兰。她没能给皮埃尔任何承诺,只说他们是永远的朋友。皮埃尔给玛丽写了一封又一封长信,试图说服她。他本想去瑞士和玛丽见一面,可她刚好在那儿和父亲度假,一想到他的出现可能会破坏玛丽的完美假期,便只好作罢。他写信告诉玛丽他所有的考虑和犹豫,并不断告诉玛丽一个人应该为之奋斗的唯一梦想就是科学梦想。

皮埃尔写道:

> 在政治上,你或许永远都不知道自己在做什么,你可能一心救国,却弄巧成拙。如果你梦想帮助人类,却不知道该怎么做,要相信,科学是绝对可靠的。任何科学发现都会被保留,无论多么微小。真理一旦被发现,

就永远不会消失,也永远不会出错。

相信我。

爱你的

皮埃尔·居里

玛丽喜欢给皮埃尔写信,和他讨论自由。

"说真的!"他回答。"我们都是奴隶,情感的奴隶,偏见的奴隶,生活的奴隶,我们不过是机器上的齿轮,我们不得不对周边环境做出让步!如果让步太多,我们就会变得贫穷卑贱;如果让步太少,我们又会被摧毁。"

10月,玛丽回到了巴黎,固执的人不止她一个。皮埃尔所说的对周围事物的让步究竟是什么呢?他开始思考,是否自己才是那个应该让步的人。这个想法刚出现,他就付诸了实践。他告诉玛丽,他可以离开巴黎,和她一起去波兰。到了波兰,他可以暂时放弃科学,以教授法语为生,然后再想办法重新回到科学工作中。

玛丽把自己的顾虑告诉了布洛妮亚,问她对皮埃尔离开法国的提议有何看法。就她自己而言,她觉得没有人有权要求他人如此牺牲。皮埃尔的这个提议让她不知所措,也备受感动。皮埃尔也去向德鲁斯基夫妇求助,他们完全站在他这一边。

布洛妮亚与玛丽一起去拜访皮埃尔的父母，听到他的母亲温柔地讲述了皮埃尔是一个多么优秀且孝顺的儿子，这让她相信妹妹跟他在一起，可以获得幸福。

玛丽又犹豫了 10 个月，发誓绝不结婚的两个人终于放弃了他们荒谬的想法，走向了幸福之门。

玛丽的哥哥从波兰给玛丽寄来了一封热情洋溢的信，满满都是理解与祝福之情。仿佛是祖国波兰在告诉这个女孩，与皮埃尔·居里这位法国科学家结合比回华沙做一个女教师有意义得多，她可以做更多有益于波兰的事情。事实上，后来发生的事情都表明玛丽的选择是正确的。

玛丽可以开始筹办她的婚礼了，那将是一场多么不寻常的婚礼！

1895 年 7 月 26 日，太阳在晴朗的天空中升起，玛丽·斯科洛多夫斯基要出嫁了。她美丽的脸庞上闪烁着幸福的光芒，她做了一个好看的发型，穿上了崭新的海蓝色连衣裙和卡西米尔·德鲁斯基的母亲送给她的蓝色条纹上衣。她并不想穿婚纱，她很高兴能有一条新裙子，因为她只有一条裙子，就是她每天穿的那一条。但她更喜欢以后可以在实验室里继续穿的实用的衣服。

梳妆打扮好之后，皮埃尔来接她。他们乘公共汽车去火车站，然后乘火车去索城举行婚礼。马车沿着圣米歇尔大道，随着重重的马蹄声，一路向前。路过索邦大学时，两人不约而同地用充满爱意的目光审视了一番,这不正是牵引他们相遇的地方吗?

在索城,除了布洛妮亚、卡西米尔、从波兰远道而来的斯科洛多夫斯基先生和海拉,就没有其他客人了。他们买不起金戒指,也没有能力准备结婚早宴。他们收到了许多结婚礼物,其中他们最喜欢的是一位堂兄送给他们的两辆崭新的自行车,后面他们会骑着自行车度蜜月。

婚礼结束后,大家在花园里遇到新娘和新郎,一位父亲对另一位父亲说:"玛丽是一个值得您爱的女儿,因为自出生之日起,她就从未让我伤心失望过。"

第十章

玛丽·居里

　　皮埃尔和玛丽出发去度蜜月，这是一场不寻常的蜜月旅行。他们没有预订车票，也没有预订房间，因为他们打算骑着自行车，一路在想停下的地方停下。他们把一些衣服绑在自行车上，因夏季潮湿多雨，又带上了两件长长的橡胶雨衣。他们骑着自行车在潮湿的道路上静静地滑行，道路两旁树木葱茏，明媚的阳光在高高的树干上洒下斑斑光点。头顶上，浓密的树叶在道路上投下斑驳的光影，又调皮地洒下上一场雨留下的雨水，浸湿了旅人的衣裳。

　　他们正在冒险的路上，两个人在一起！他们看不到旅途的尽头,也无法想象一路上会有多少惊喜,他们不知道这条漫长的大道通往哪里,也不知今夜将在哪里入眠。

皮埃尔一直喜欢在寂静的树林里漫步,他喜欢那种凉爽湿润的感觉,喜欢岩石遍布的山坡上弥漫着的迷迭香、马郁兰和野蔷薇的味道。无论散步的时间是白天还是黑夜,黎明还是傍晚,他都一样喜欢。无论吃饭的时间是 11 点和 3 点,还是 7 点和 10 点,他都一样开心。时间变得不再重要,因为他爱的人在身边,一切都在变好。玛丽一直默默相伴,没有半点责怪和催促。

此行要尽可能节省开支,所以不能住酒店。晚上,他们来到了一个村庄,找到了一个简陋的小旅馆。旅馆里有一个大的酒吧,酒吧里摆放着一些桌子和许多椅子。老板在桌上铺上一块干净的白布,给他们端来了两碗浓稠的热汤。晚饭后,他们走上吱吱作响的木制楼梯,又穿过一条长长的走廊,来到了昏暗的客房。法国的乡村旅馆大多如此,有可口的晚餐,干净的床铺,价格也很便宜。

第二天早上,享用完咖啡和面包卷后,他们沿着另一条林荫小道开始了骑行。道路两旁都是森林,长长的绿道通往树林的深处,充满着神秘与诱惑。他们停下车,把自行车留在路边的小屋里,确认带好了指南针,要知道在法国的大森林里很容易迷路。他们又在兜里装上了几个苹果,一切准备就绪,森林探险之旅正式开始。一不小心,双脚就陷入了长满青苔的淤泥中。太有趣了!

对他们来说，不需要方向，无所谓时间，也没有人等待他们回家。

皮埃尔走在前面，漫不经心地大步向前。玛丽则紧随其后，步幅短小却平稳。她没有戴帽子，在那个年代，帽子是女人外出的必备品。玛丽创造的时尚还不止于此。她的拖地长裙也被她用橡皮筋扎了起来，露出了脚踝！如果不这样，可怜的裙子就会沾上泥土，还会弄脏鞋子。她的鞋子厚重又结实，皮带上有口袋，里面装着小刀、钱和手表。尽管皮埃尔走得很快，仿佛要去赶火车，玛丽还是能清楚地听见他说的话。显然他是在跟玛丽说话，但他从未回过头来，好像在跟树木高谈晶体奇怪的特性。关于晶体的对话可能是世界上学术性最强、最难听懂的对话了。玛丽高兴地倾听着，不时给出机智的回答和建议，丝毫不逊色于皮埃尔。他们经常说出对方想说的话，他们如此默契，如此心有灵犀。

玛丽开始感到累了。突然，他们来到了森林中的一处空地。空地上有一片芦苇丛生的湖泊。玛丽一股脑儿瘫倒在河岸上，开始享受日光浴。皮埃尔则像个小男孩一样在湖泊中寻宝，蜻蜓、法螺、火蜥蜴都是他喜欢的。远处的水面上漂浮着许多睡莲，近处则盛开着黄色的鸢尾花。皮埃尔想去采些花朵送给玛丽，但苦于没有船。恰巧不远处有一棵树倒在了水面上，但可能有点滑。不过为了心爱的人，就算掉进水里又如何呢？很快，皮埃尔就幸运地采回了睡莲和鸢尾花，然后编了一个湿漉漉的花环，戴在了妻子的头上。

突然,皮埃尔像发现了猎物一般,四肢着地,匍匐着爬到了水边。玛丽才不打算加入他呢,8月的酷暑中,无所事事地坐着比做什么都舒服。突然,她尖叫了起来,惊恐地看着她的手掌。一只冰凉凉、湿漉漉的青蛙蹲在她的手掌上!

"你不喜欢青蛙吗?"皮埃尔惊讶地问道,他一直很喜欢青蛙。

"喜欢,但是不喜欢它在我手里呀。"

"那太可惜了!你看看它,这么可爱,你不觉得它很帅吗?"

为了不吓坏自己的新婚妻子,皮埃尔只好惋惜地把帅气的青蛙送回了湖中,让它去找自己的伙伴了。

他们继续边走边聊,玛丽一直戴着那顶别致的花环。直到他们再次走上马路,骑上了自行车。

8月中旬,他们已经沿着林地绕了巴黎一圈,随后来到北部的尚蒂伊。这是一座掩埋在巨大森林中的小镇,如今养了许多赛马,赛马喜欢从马厩里窥视路人。树林里有一家名为"拉比什"的农场,或者也可以叫"赤鹿农场",玛丽和皮埃尔打算在这里与家人团聚。布洛妮亚和卡西米尔带着他们的宝宝小伊莲娜,大家都叫她"露露",德鲁斯基夫人、斯科洛多夫斯基先生和海拉也都来到了这里。

树林里的农场有着自己独特的魅力。四周静悄悄的,除了狗吠声,树枝窸窣作响的声音,远处樵夫用斧头砍树的声音,受惊的野鸡扑腾翅膀的声音,野兔穿过草丛的声音之外,再也没有其他声音传来。人们足迹可至和目光所及之处，地表覆盖着一层金黄的铃兰叶子，仿佛一封来自5月的邀请函。

他们在农场里谈笑风生，还时不时跟露露打趣。露露已经3岁了，她长得漂亮可爱，天真无邪的样子，让人忍不住疼爱。他们时而与斯科洛多夫斯基先生谈论严肃的科学问题，时而讨论抚养孩子的奥秘，时而与特地从索城赶来的皮埃尔的父母讨论医学与政治。法国是一个言论自由的国度，有时候玛丽听到她的法国公公和朋友们谈论政治，慷慨激昂、义愤填膺的样子让她非常惊讶。政治是他们的生命，他们心系国家大事。在自由的法国，他们可以畅所欲言，这让谈话变得更加有趣。但是皮埃尔不一样，他讨厌政治，因为他不擅长控制自己的情绪。但是，当出现不公正的政策时，他会坚决站在被压迫者和受害者这一边。

蜜月就这样结束了，皮埃尔和玛丽在巴黎的一个公寓里开始了家庭生活。多么不同寻常的生活！因为一般没有客人来访，所以家里只有两把椅子。如果有人想正式地拜访居里夫妇，当他艰难地爬上四楼，他会看到埋头工作的小两口，根本无暇顾及其他。于是，他只能环顾四周给自己找寻座位，最终会发现根本没有地方可坐。居里夫妇谢绝来客，潜心研究，也无意花时间去娱乐。玛丽要承担两份女人的工作：一是作为妻子的工作，这已经让大多数的妻子累得够呛了；二是作为科学家的工作，她所做的也远远超过了大多数科学家。

玛丽决心把家里尽可能布置得简单，以节省整理和清洁的时间。没有毯子要洗，没有扶手椅和沙发要擦，墙上不挂任何积灰的物件，家里也不摆放任何需要抛光的器具。家里的一张桌子、两把椅子和书柜都是用未抛光的松木做的，打理起来毫不费事。房间布置简单至极，但玛丽用一只插满鲜花的花瓶给房间增添了一些美感。书本、一盏灯和成堆的物理学论文则表明这是学者的书房。彼此相爱的两个人，有着共同的追求。他们崇尚自然，求知若渴，别无所求。但是科学家也需要吃饱穿暖，这对他们来说无疑是一个麻烦，但也是不容忽视的事实。玛丽需要精打细算来维持生计。

玛丽做的第一件事情是买来一本黑色笔记本，封面印着金色的"账本"两个字。她知道，完美的家庭算术是幸福家庭的最重要基础，尤其是对于每年需要精确使用 240 英镑的家庭而言。

她的烹饪也必须完美无瑕，否则皮埃尔的消化会出毛病。另外，她必须找到一种节省时间的烹饪方法，最好是她在实验室做科学研究的同时，晚餐自己就做好了。事实是残酷且不可改变的，但是聪明的大脑可以化解一切困难。重点是得让一天的时间变长，早上玛丽很早就起床去菜市场，下班回到家马上整理床铺、扫地、准备晚饭。哦，说起做饭！玛丽在结婚前就向布洛妮亚和德鲁斯基夫人学习了烹饪，但是通常在课堂上学到的东西并不实用，错误才是最好的老师。好在皮埃尔并不在乎自己吃了什么，不论饭菜好不好吃他都一样开心。但是玛丽的婆婆可是来自著名的美食国度——法国，她不想让婆婆误会波兰的女孩不会做饭。她一遍又一遍地阅读食谱，像学习科学一样钻研它们。她在页边空白处写下笔记，并记录了她成功和失败的经验。但是有些事情食谱不会告诉你，比如煮牛肉是用热水还是冷水？怎么样让通心粉不粘在一起？这些都是需要科学实验才能解开的谜团。玛丽逐渐摸索出了许多烹饪妙招，她发明了可以自主烹饪的菜肴，只要在她外出时设置好就行。她精确地计算出各种菜肴需要用多大的火煮多长时间，她只要在离开家之前把炉子设置好，就可以安心地在实验室待上8个小时。这下没人说科学知识对烹饪毫无用处了吧！

晚上，和皮埃尔一起走回家的路上，玛丽会买上一些食品杂货或水果。回到家，吃好晚饭，做完家务，把一天的支出记入账本，她就会拿出书本开始攻读另一个学位，直到凌晨2点才休息。从早上6点到凌晨2点，这一天确实够长的。她还能抽出点时间给哥哥写信："我们一切都好，身体健康，生活也很美好。公寓在慢慢接近我想要的样子，我想要尽可能地简单，这样它不会给我们带来任何麻烦，也不需要多花费精力打理。因为我实在没什么帮手。我们请了一位女工，她每天帮我们打扫一小时，完成家务活儿中最累的那部分。"

他们几乎没有任何娱乐活动，不过他们经常去索城探望皮埃尔的父母。回到索城，他们还是一样地工作，所以家里专门腾出了两间房给他们做科研，就好像他们在自己的小公寓里一样。他们几乎没有去过剧院，也没有去过别的地方。他们甚至没有钱去华沙参加海拉的婚礼。他们全年工作，只在复活节有几天的假期。就这样，又到了8月，玛丽已经进入紧张的考试期。

玛丽再次名列榜首。皮埃尔骄傲地搂着玛丽的脖子，意气风发地走回家。一回到家，他们就给自行车充好气，收拾好行李，出发去奥弗涅山脉。

对于那段假期，玛丽这样写道："我们对那个晴天记忆犹新。经过漫长而痛苦的攀登之后，我们到达了奥伯拉草原。草原上一片嫩绿，我们穿过草原，尽情呼吸着高原上新鲜的空气。还有一个傍晚也印象深刻，特鲁瓦河谷的暮光让我们着迷，远处的小船上传来一阵悠扬的旋律，回荡在山谷中，船渐行渐远，旋律也逐渐消失了。因为我们算错了距离，所以没能在黎明前赶回来。后来，我们遇到了一队马车，他们的马匹受到我们自行车的惊吓，我们不得不从农田中穿了过去。当我们再次回到大路上时，高高的草原沐浴在朦胧的月色中，牧场里的奶牛们一个个凑过来，睁着好奇的大眼睛打量着我们。"

假期结束，玛丽又回到了工作中。生活继续用苦难淬炼着玛丽·居里，就像打磨当年的玛尼亚·斯科洛多夫斯基一样，仿佛在告诉她世间最美好的事物要用巨大的代价去换取。

玛丽想要一个孩子，这种渴望不亚于她对科学的渴望和与皮埃尔交流的渴望。但是很快她就发现，怀孕让她什么也做不了。她不能连续 8 个小时不停歇地研究钢铁的磁化强度，也无法整日与皮埃尔一起骑自行车穿梭在布列塔尼的蓝色海湾之间。她惊讶地发现自己不得不屈服于某些事情，这让她感到惊讶和厌恶。父亲特地从波兰赶过来，为的是让玛丽早点儿休假。皮埃尔用简单的波兰语给她写了一封愉快的信，他发现这门语言很难，但也为自己的进步感到自豪。

"我的小女孩，我的宝贝，我的爱人。今天收到你的来信，我感到非常高兴。这里没有什么新鲜事，除了我对你的想念。我的灵魂已经逃离我的身体奔向你了。"玛丽尽量用简单的波兰语回信道："我这里很好。阳光灿烂，天气炎热。你不在身边我很难过。快回来吧，我从早晨一直到晚上都坐在那里等着，但你仍然不来。我很好。我在尽力地工作，但是庞加莱的书比我预期的还要难。我必须和你交流，我们一起梳理一下我觉得难的地方。"

很快，伊雷娜出生了，她的到来给玛丽增添了许多欢乐，随之而来的还有增加的工作量。玛丽称她为小公主，给她喂奶，给她洗澡，给她穿衣服。如果不是医生命令她请一个保姆，她就事事亲力亲为了。

以前，玛丽只有三件事情要做，现在变成了四件事情：实验室，丈夫，家和女儿。这几乎耗费了她所有的时间。当她想去工作时，伊雷娜就咬着牙，放声大哭，哭得仿佛房子都要塌了。要是伊雷娜感冒了，不小心磕到头了，或者发烧了，两位伟大的科学家就不得不整夜照看这个蓝眼睛的小家伙。有时候，即使伊雷娜安然无恙，正忙着做实验的玛丽也会突然惊慌失措地丢下手里的报告，跑到公园看保姆有没有弄丢她的孩子。还好，只是虚惊一场！保姆正推着婴儿车，而伊雷娜正毫发无损地坐在里面呢。保姆不在时也不用担心，因为伊雷娜还有祖父这个忠诚的护卫，只要有他在，玛丽就能放心地回到实验室工作。

伊雷娜的母亲日渐消瘦，这在大家的意料之中。幸运的是，苗条的身材使玛丽比以往任何时候都更加美丽动人，还给她增添了几分高贵与神秘。她瘦弱得像个纸片人儿，好像一阵风就能把她吹走，但她眉眼间的深邃与坚定一如往常，不可动摇。

第十一章
伟大的发现

　　与其他杰出的科学研究者一样,玛丽一直在实验室辛勤地工作。她拥有双硕士学位和研究员职位,还撰写了一篇关于回火钢磁性的论文。她的下一个目标是所有雄心勃勃的学者梦寐以求的博士头衔。要获得博士学位,她必须发现未知的事物,以解答未解之谜。科学界尚有许多未解决的问题,其中有一些也许根本无法解决。有的人穷极一生寻找答案,到头来却只发现时间和生命一去不复返了。正如莎士比亚所说,大自然具有"沉默寡言的天赋"。在所有未知的事物中,玛丽会选择去探索什么呢?

　　皮埃尔是玛丽实验室的负责人。她乐于听取皮埃尔的建议,因为他不仅是玛丽的丈夫,还是一位知识渊博、经验丰富的物理学家。他一定能提出中肯的建议,引导玛丽去探索有必要的、对人类有益的,而且能够引发更深入思索的内容。是不是我们的无知阻碍了探索知识的道路呢?玛丽和皮埃尔经常这样反思。一天,玛丽正在翻阅一本科学期刊,上面刊载着许多新的科学发现。读到亨利·贝克勒尔的研究时,玛丽停了下来,一年前这篇文章刚发表的时候就引起了她和皮埃尔的兴趣。她又从头到尾读了一遍,仔仔细细,一字一句。

自体发光的物质!不需要从太阳和其他星球吸收光线,本身就能发光的东西!太有意思了!玛丽非常感兴趣。

当时,伦琴刚发现了被称为X射线的新射线,医生用它们穿透人体皮肤,观察人体内的奥秘。随后,庞加莱提出猜想:是否还存在其他类似于X射线的射线,自体发光的物质受到光照时就会释放出这种射线。这一问题引起了贝克勒尔的兴趣,他开始研究某种物质,想找到这种射线。在研究一种叫作铀的稀有金属时,他有一个惊奇的新发现:铀盐在完全无光的条件下也能释放出射线。它们在自发地发光!从来没有人发现过这种物质,也没有人能理解或解释这种光的奇异之处。但是贝克勒尔知道它的某些特性:例如,将铀化合物放进被不透光的纸包封着的照相底片时,这张照相底片仍能曝光,还能利用周围的空气使验电器放电。多么奇妙的射线!

贝克勒尔发现了这种奇怪的射线存在于世界上的事实。玛丽决心解释这一点，把这作为她的博士论文研究课题。就算这种物质再微小，也一定逃不过玛丽的眼睛。她会找出这种射线来自哪里，找到它的起源和原因，找到它的性质和本质。要找到一件东西，其根本就是去解释它。

除了贝克勒尔的论文，玛丽没有其他书籍可以参考。但贝克勒尔的论文也只是浅尝辄止，并没有深入的研究。世人对她的研究主题一无所知，所以也没有人能教她。她只能独自在未知的世界进行疯狂的冒险。

正如一个想要深入巴西雨林探秘的探险家需要一艘将他送到亚马孙河的船一样，玛丽也需要一个可以开展实验的房间。但这样的实验室并不好找。皮埃尔在他的朋友中间打听了一圈，大多数的实验室都被用于更重要的实验，实在想不出哪里有合适的实验室。后来，物理研究院的主任建议，也许可以试试一层的那间旧仓库。那里已经成了蜘蛛的安乐窝，仪器和仓储品上结了厚厚的蜘蛛网，不过地面还有不少空间。

在这个简陋的屋子里，玛丽开始了自己的工作。幸运的是，她早就习惯了各种不适。冬天，屋子里的温度只有 6℃。玛丽倒是没问题，但她的宝贝仪器比她娇贵多了，环境条件不满足就容易出错。墙壁上渗水时，或者温度不均匀时，仪器都会耍小性子。因为静电计是高度敏感的仪器，玛丽只好充分考虑它们的脾气，留出误差的余地。

就这样，玛丽开始了对铀射线的研究。她首先要做的是测量一定量的射线，她必须弄清楚这种射线使空气导电的能力，以及它们放完验电器的电所需的时间。

她的验电器是一个金属箱，侧面开有两个小孔。在箱内，一条垂直的黄铜条 B 连接在盖子内侧的一块硫黄 SS 上，硫黄是一个很好的绝缘体。一条水平的电线与铜片 B 相交，一端连接旋钮 C，另一端连接电容器片 P。还有一片金箔 L 与铜片 B 连接，整个金属箱与地面连接。给验电器通电后，将要测试的物质放置在金属箱外侧的电容器片 P 上，该物质会使板 P 和 P′ 之间的空气具有导电性，随后验电器的电荷开始泄露。随着电荷的流失，金箔 L 会逐渐下落。

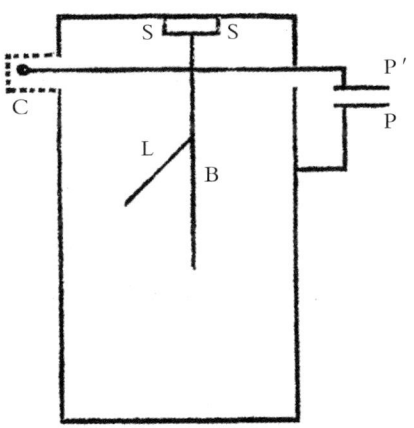

玛丽用显微镜透过金属箔上的小孔观察里面发生的一切。金箔滑落所需的时间与铀射线的强度成正比。经过几周的实验，她已经非常确信：铀的放射性，即射线的能量与她放置在 P 上的测试物质中铀元素的含量成正比，并且不受其化学成分、光、温度或其他外部因素的影响。也就是说，这是一种非常独立的特性。这到底是怎么回事呢？

单纯研究铀，她已经无法再进一步探索这种奇怪的辐射了。她想，也许除了铀，这种独立的特性还存在于其他类似的物质中。迄今为止，尚未有人在其他地方发现过这种射线，但这并不能说明以后也不会有。玛丽可以做到！她决心检测每一种已知的化学物质。多么了不起的决心！已知的每一种……

而且，除了这些已知的化学物质，玛丽还有丈夫要照顾，有家要打理，还要给嗷嗷待哺的伊雷娜穿衣、喂饭，陪她玩耍，教她读书。不过玛丽·居里一刻也没落下工作。她的脑海中浮现出一个猜想：既然铀能自体发光，那么在浩瀚的宇宙中，必然还有其他物质也可以。这个猜想可能在任何人的脑海中闪现过，却只有玛丽敢于去印证它。

是的，找到了！玛丽找到了一种叫作钍的物质。也就是在那个时候，她将这种自体发光的性质命名为放射性。

就这样，玛丽测试了所有已知的化学物质，这些化学物质以无数种不同的方式和比例组合在一起，构成了整个世界。但其中只有两种物质具有放射性，这是为什么呢？该如何解释这种奇特而美妙的力量呢？玛丽离自己想要的答案还很远。现在已经测试了所有已知的化学物质，下一步该做什么呢？

没关系，大千世界，无奇不有，还有前人浩如烟海的研究文献，再加上玛丽有着刨根问底的好奇心，一定能找到这种物质。她决定去博物馆，开始研究矿物质。那些含有铀元素和钍元素的物质一定具有放射性，不含有这两种元素的则不具有放射性。前人已经记载了各种矿物质的成分，玛丽只需要翻看记录，从含有铀元素和钍元素的矿物质入手就行，因为它们是最有可能具有放射性的。

每当她发现一种放射性矿物质，她便测量其中的铀含量和钍含量，然后测量矿物质整体的放射性。1加1应该等于2，可结果却是8！

$$1+1=8！！！$$

她正在检测的一种矿物质的放射性比其所含有的铀元素和钍元素加起来的放射性要强得多。但玛丽觉得这不可能，肯定是实验过程中出现了纰漏，她决定重新实验。

如果上次实验出错了，那么这次也错了，因为实验结果是一样的。她做了一遍又一遍……整整20遍，可结果还是一成不变。

有且仅有一种解释：这个矿物质一定含有极少的、微量的某种未知的元素，而这种元素的放射性远远高于铀和钍。

于是，在1898年，这种人类未知的元素的存在得到了证明。玛丽对布洛妮亚说："这种我暂时无法解释的射线来自某种未知的元素……它就在那里，等着我们去发现！我和皮埃尔都确信它的存在，但其他物理学家都觉得我们的实验出现了差错，建议我们更加严谨一些。但我确信我没有弄错。"

玛丽非常激动，那个未知的元素到底是什么呢？她曾这样写道："每个人的生活都非易事，但这又有什么关系呢？我们必须坚持不懈，并对自己充满信心。我们必须相信，上天赐予我们天赋是为了让我们完成使命，我们必须完成这一使命，无论我们可能要为此付出多少代价。"

1898年4月12日，玛丽·居里发表正式声明："沥青铀矿和铜铀云母的放射性要远强于其中所含有的铀元素的放射性。这个事实值得注意，它说明这些矿物质中含有某种放射性比铀更强的元素……"

她坚信这种元素的存在，但她必须亲眼见到它，并将它展示给世人。皮埃尔·居里对妻子的研究颇感兴趣，并不断与她讨论。他暂时放下了自己的工作，转而与玛丽并肩作战，以期将这个隐藏的神秘元素公之于众。就这样，两个人，四只手，开启了新的一轮研究。玛丽发现了这种元素的存在，接下来的工作由她和皮埃尔共同进行。

他们选择了一种沥青铀矿作为研究对象，因为它的放射性是其中所含铀元素放射性的四倍之多。而且，沥青铀矿的所有组成元素均为所有科学家们所熟知。他们认为，这种未知元素的含量必定微乎其微，才能逃脱细心科学家的法眼。他们猜想这种元素的含量只占沥青铀矿的百分之一。可如果他们一开始假设的含量是百万分之一，他们会带着怎样的心情开始研究呢？

他们将沥青铀矿分解成各种元素，并测量每种单独元素的放射性。随着实验的进行，结果越来越明晰，放射性来自沥青铀矿中的两种元素。这意味着有未知的两种物质！1898年7月，他们找到了两者中的其一。

"你该给它起个名字。"皮埃尔对玛丽说。

很多个念头在她的脑海中闪过。玛丽知道，这项发现一定会震惊世界，所有的国家都会有关于它的记载，因此她要用备受压迫的祖国波兰的名字来命名它。她要让残暴的压迫者看到波兰献给这个世界的礼物。于是，她在皮埃尔的耳边小声说出了这种物质的名字："钋"！

然后玛丽回到家中，卸下了科学家的身份，摇身一变成为一位母亲。她制作了果冻，又给伊雷娜洗澡换衣裳，忙完了之后开始写日记。她记下了宝宝的体重，她在磨乳牙，她已经学会了用手势表达"谢谢"，还会咿咿呀呀地说"走，走，走"。

假期来临了，钋和另一个未知的元素被留在了潮湿的实验室中。两位科学家带着孩子和自行车，搭上了前往奥弗涅高山的火车。小镇景色宜人，随处可见伟岸的大教堂，奇异陡峭的山尖上镶嵌着古老的小教堂，还有几座休眠的火山。两个人在小镇上悠闲漫步，谈论着那个还未向任何人展示真面目的元素。他们从克莱蒙望向平坦的山丘，在那里，法国的第一位民族英雄维钦托利让战无不胜的恺撒尝到了失败的滋味。他们在贝特朗·杜·盖克兰埋骨的小镇漫步，是他第一次让法国成为一个完整的国家。他们从高处俯瞰那条最古老的道路——"锡路"，腓尼基人就是沿着这条路把锡从未开化的英国运到了文明的东方。过去的历史仿佛在他们的眼前一幕幕重现，而在他们的心中，那个具有神秘力量的未知事物像一颗躁动不安的小星星，不停地闪烁着光芒。

秋天，居里一家三口重新开始了工作：伊雷娜要努力长出更多牙齿，还要练习用两条腿而不是四只脚走路；她的爸爸妈妈则要去实验室继续寻找那个陌生的元素。

1898年12月26日，在给美国科学院的一篇论文中，他们安静地宣布："我们在放射性物质中找到了一种新元素，我们建议将其命名为镭……镭的放射性是巨大的。"

第十二章

黑暗中的光

于是，这个神秘的放射性元素有了自己的名字，但是还没有人见到过它的庐山真面目，连给它取名为镭的皮埃尔和玛丽也未能一睹它的真容。它不像其他真实存在的物质，可以被触摸，被看见，可以放进瓶中，可以称重。称重是一个很重要的问题，这里所说的重量是指"相对原子量"，是科学家证明一种物质存在的重要证据。如果连皮埃尔和玛丽都不知道这种物质的原子量，那么对于其他科学家来说这种物质就是子虚乌有。不行！皮埃尔和玛丽决心提取出镭并测量它的原子量。只有这样，才能向科学家们证明它的存在。

"它藏在沥青铀矿中，"居里夫妇想，"它太小了，小到看不到。但是如果我们能获取大量的沥青铀矿，就可以提取其中所有的镭，也许能得到一块肉眼可见大小的镭。"

但是他们如何才能获得大量的沥青铀矿呢，比如说一百吨？如果有的话，他们又该存放在哪里？即使有地方存放，他们又该如何处理呢？

两位科学家决定一步一个脚印。首先，先搞定沥青铀矿。他们知道在哪里可以找到大量的沥青铀矿，因为波希米亚人用它来制造漂亮的玻璃制品。但是沥青铀矿很贵，居里夫妇没有钱去跟他们谈判。幸运的是，波西米亚人并不是直接用沥青铀矿本身制造玻璃制品。他们从中提取铀用于制造玻璃，并将无用的废渣丢弃在圣约阿希姆斯塔尔森林中，形成了巨大的粉末堆。"镭和钋，"居里夫妇说道，"不在铀里，所以它们一定在那一堆废渣里，或许我们可以说服制造商把废渣便宜卖给我们。"

"卖？"制造商友好地说道，"你们可以直接拿走，不过得承担运费。"光是运费也不是一笔小数目，居里夫妇掏空了所有积蓄，把钱汇到了波希米亚。

沥青铀矿算是搞定了。废渣很快就会送达，满满一火车。不过他们到底该把废渣存放在哪里呢？

皮埃尔和玛丽来到了科学的殿堂——索邦大学，他们相信在那些庞大的建筑群中，一定能找到多余的房间，用来存放他们价值连城的废渣。但是并没有。他们不得不回到自己的物理学院，但是这里也没能找到合适的地方。唯一可利用的地方是他们实验室院子另一侧的窝棚。好一个窝棚！玻璃屋顶破烂不堪，雨水一泻而下，使对于任何需要保持干燥的实验来说，这个地方都是一个噩梦。这里没有地板，只在表面随意涂了一层焦油。也没有家具，只有一两个旧的厨房桌，一块黑板和一个带有生锈铁烟囱的旧火炉。夏天非常炎热，屋顶是玻璃的，他们仿佛在蒸笼里工作；冬天，外面天寒地冻，屋里一样会结冰，因为窝棚里的炉子根本不产热。下雨的时候，他们会被淋成落汤鸡。不过这都没什么大不了的，因为房间没有安装通风橱，不能抽走有毒气体，所以他们的大部分工作都必须在室外进行。正如那句古老的格言所说："乞丐没有选择的余地。"居里夫妇静下心来，在简陋的窝棚开始了他们伟大的事业。

美好的早晨来临了。伴着铃铛声响，戴着黑色颈圈的马儿们拉着巨大的煤车，停在了物理学院的门外。居里夫妇二人穿着实验服，帽子都没戴就冲了出来，欢呼雀跃地欢迎他们的货物。马儿们被这对兴奋的夫妇吓得不轻，可从来没有人这样迎接煤车。

但是这些货物不是煤，而是一袋袋褐色的工业废渣。玛丽一刻也等不了了，还没把麻袋搬进去，她就当着马儿的面，在大街上，解开了绑住麻袋的绳子。是沥青铀矿！她的沥青铀矿！或者说是沥青铀矿中最重要的部分。好奇心在她的心里，她的眼睛里，她的手里沸腾着，刺激着她全身的神经。终于，她可以将双手伸入来自波希米亚树林的、混杂着一些松针的棕色废渣中了。镭，这个尚未发现的元素真的存在于其中吗？她能在这堆废渣中找到宝藏吗？玛丽一定要把它找出来，即使这意味着要将堆积成山的废渣全部煮沸。

第一批麻袋被带到窝棚里，实验开始了，这项工作将持续

4年。那是玛丽一生中最美好，最幸福，也是最艰难的一年。

玛丽在一口大铁锅中煮沸废渣，用几乎和她一样高的铁棒不断地搅拌。她一天到晚不停地工作，为免中断工作进度，连吃饭也不离开窝棚。每一天都能在那里见到这样的玛丽：头发在风中飘扬，工作服上斑斑点点，被酸性物质腐蚀得又脏又破，不厌其烦地搅动脾气暴躁的废渣。她选择了适合男人的室外体力劳动，而皮埃尔则坐在室内，试图通过细致、精确的实验来发现镭的特性。有时候一次要处理超过20千克的废渣，窝棚里摆满了盛放沉淀物和液体的瓶瓶罐罐。她还需要搬运重物，把一口锅里的内容物倒进另一口锅里，或不停搅拌沸腾着的大铁锅。

在窝棚里辛苦工作整整一天之后，回到家，玛丽还需要照看孩子。她给伊雷娜洗好澡，哄她上床睡觉，希望能尽快和皮埃尔一起去书房工作。但是伊雷娜可不想这样，玛丽刚转过身，就从婴儿床里传出了一声可怜兮兮的"妈妈"。于是，玛丽只好回到床边坐下，陪着伊雷娜，直到她进入梦乡。皮埃尔对此有些不满，他也想要玛丽的时间。不过当伊雷娜入睡后，夫妻俩可以一起学习到深夜。

第二天来到，又是一天的工作。镭在哪里？他们不会永远都找不到它吧？从几天到几个月，几个月到12个月，第二年到第三年，第三年又到第四年。他们仿佛在梦中工作，只考虑一件事情，只谈论一件事情。有一天，玛丽和皮埃尔正在院子里踱步，玛丽突然问道:"你说,等我们真的找到它的时候,它会是什么样子的?"

皮埃尔说:"我希望它拥有美丽的颜色。"

1900年,法国化学家德比尔纳来帮助他们,在发现镭和钋之前,发现了它们的"兄弟"元素,并命名为锕。

一次又一次,沉重的马车将更多吨的沥青铀矿废渣带到了物理学院的门前。玛丽每天都以极大的耐心从中提取出一种物质,这种物质中镭的浓度越来越大了。但是镭依旧深藏不露,依旧我行我素,始终对自己的秘密守口如瓶。

玛丽的耐心丝毫不减,但是困难却接踵而至。她和皮埃尔没有足够的钱来生活,也没有足够的时间做研究。皮埃尔必须做大量的教学才能赚取240英镑的生活费,但这会占用提炼镭的时间,也不足以覆盖日常的支出以及伊雷娜的抚养费。皮埃尔打算申请一个大学的职位,这样他的工作会更轻松一些,薪水也会更高。也许他还会拥有一个真正的实验室,可以给他的实验供电,一天不用上那么多课,晚上也不会有那么多烦人的作业要批改。

但不幸的是,这样的职位并不总落在最优秀的人头上,而一般会留给校长的朋友或那些深谙赞美艺术的人。当有机会申请这样的职位时,皮埃尔被告知,按照惯例,他必须去拜访任命委员会的每个委员,虽然他讨厌这样做。他害羞地敲响了门铃,礼貌地告知来意,请求拜访委员,然后受邀进门坐下。可委员一出现,皮埃尔就变得局促不安，结果他对竞争对手赞不绝口，对自己的成果却一字不提。毫无疑问，公布录取名单的时候，竞争对手获胜了。

但是为了生存，总得做一些努力。皮埃尔在法国工业大学谋得了一份助教的工作，这是法国最著名的两所大学之一。虽然职位低微，但是每年可以额外增加100英镑的收入。

与此同时，日内瓦大学向他提供了一份可以满足他所有期待的美差，大学讲师，理想的实验室，还有所有他需要的仪器和设备。他接受了，然后和玛丽一起启程前往日内瓦。可当他们到达那里时，他们发现自己不能离开巴黎，也根本不可能放弃镭——这个如同他们的孩子般的存在。不管巴黎对他们多么残酷，他们只有在巴黎才能展开对镭的研究。带着歉意，皮埃尔放弃了日内瓦的理想职位，回到了巴黎，回归了贫穷，也回到了镭的身边。

不过接下来有个好消息，皮埃尔在物理化学自然科学院获得了一个职位，玛丽也开始在塞夫勒培训学校给即将成为小学老师的女孩们上课。这些年轻的女孩非常幸运，因为有玛丽·居里当她们的老师。但令人遗憾的是，世界没有意识到关于镭的工作只能由玛丽·居里来完成，而在塞夫勒教授科学课程却是很多人都能做到的。玛丽认真地准备了她的每一堂课，并赢得了很多赞誉，因为这是女孩们听过的所有课程中最新颖、最有趣的。但是，每周好几次的长途电车往返使她非常劳累，也浪费了不少宝贵的时间，课程准备和作业批改也同样让她疲惫不堪。这就像让荷兰历史上最伟大的画家伦勃朗去给门柱刷漆，是大材小用。皮埃尔和玛丽已经精疲力竭，他们能找到并亲眼见到镭吗？

玛丽已经把婚后好好吃饭的誓言忘得一干二净了。"你们几乎不吃东西，两个人都是！"医生在给皮埃尔的信中写道，"我不止一次见到玛丽啃着两根细细的香肠，就着一杯茶咽下去。你是不是觉得自己身强力壮？但是再强健的体质也顶不住这样挨饿啊！我知道你要说什么，'她不饿，而且她已经是成年人了，知道什么对自己好。'但她根本不知道！她的行为像个婴儿。我现在是以朋友的身份告诉你这些，你们花在吃饭上的时间太少了……你们不能在吃饭的时候看书，也不能讨论物理……"

但是，皮埃尔和玛丽根本没有把医生苦口婆心的劝告放在心上。他们一心扑在卢蒙德大街的窝棚里，期待揭开镭的真面目，其他一切都无关紧要。

有一次，皮埃尔建议把重点放在研究镭的性质上，放弃找到它的实体，但玛丽不听。

她离镭越来越近了，她不用再煮沸粗糙的废渣。她已经获得了一块可以放进室内的提取物，这块小小的提取物中包含着十几吨废渣中所有的镭。如果要继续进行更深一步的研究，她需要精密的仪器，还需要一间没有灰尘、没有湿气、温度适宜，也没有其他干扰因素的实验室。但是她没有这样的实验室，灰尘、热气、冷气和风不断地破坏了她的工作成果，迫使她浪费时间和精力重复进行实验。但是玛丽不厌其烦。

到了1902年，自玛丽宣布镭可能已经存在以来，已经过去了3年9个月。最后，她征服了这个陌生的放射性元素。她在那堆废渣中找到了宝藏！她亲眼看到了镭！她提炼了一分克的镭，它有重量，它的原子量为226。对此，化学家们纷纷致敬。

晚上，玛丽和皮埃尔坐在家里，伊雷娜已经上床睡觉了。这位4岁的小魔王终于同意闭上双眼，让妈妈回到爸爸的身边给她缝制新裙子，伊雷娜的所有衣服都是妈妈亲手制作的。忽然，玛丽放下了手中的裙子，说道："我们回去吧！"

皮埃尔也和玛丽一样的心情。他们只离开镭不到两个小时，就开始想念它，仿佛这是他们的新生儿。他们打电话告诉居里祖父他们要出去一趟，然后就手挽着手，穿过拥挤的街道，经过破旧街区的工厂，回到了卢蒙德大街和他们的棚屋。

"别开灯。"玛丽说，"你还记得你那天说希望镭拥有美丽的颜色吗？"

在黑漆漆的窝棚中，镭展现了比颜色更可爱的东西，它会发光！

"快看！快看！"玛丽低声说，她摸索着到了椅子的旁边，然后坐下仔细观察。

黑漆漆的屋子里泛着微小的光点，宛如淡蓝色的月光在水面上翩翩起舞,永不停歇地闪烁着。这种神秘的光芒是从桌面的架子上散发出来的,镭安静地躺在架子上的小容器里,在黑暗中用自己的光芒照亮了自己!

第十三章
非卖品

全世界都为之一振！一个全新的事物出现在了人们的日常生活中，这使他们改变了对许多事情的看法。一时之间，不仅科学家们在谈论镭，街头巷尾、孩子们放学回家的路上，都能听到关于镭的谈话。女人们也欢欣鼓舞，长久以来科学舞台的主角往往都被男性占据，这一次，终于有一个女人发现了一件神奇的新事物。不过，最初的时候，谁也没有想到镭有多么美妙。

很快，居里夫妇收到了大量的信件，它们来自英国、丹麦、德国和奥地利的著名学者，信中请求他们提供有关镭的信息。世界各地的科学家都开始研究镭，并挖掘了更多有关其特性及其亲缘关系的信息。两位英国化学家拉姆齐和索迪还发现，镭从自身释放了少量的未知气体，他们将其称为氦气。换句话说，镭有变成氦的能力。太令人惊讶了！科学家们早已习惯嘲笑中世纪迷信炼铁成金的炼金术士，他们神秘的炼金炉不过是一场白日梦。科学家认为，每一种物质都有自己独有的化学成分和原子量。而现在他们不得不面对这样一个事实——镭元素产生了氦元素。于是他们开始思考，是否还有其他物质也可以产生新物质。也许这次该轮到炼金术士的幽灵来嘲笑化学家们了。

但是无论如何，镭变成氦的魔术比炼铁成金的技术更引人注目。镭看起来和普通的食盐并无二致，但辐射强度却是铀的200万倍。它释放的射线可以穿过除铅以外的所有固体金属。不过镭也有它的缺点，它太活跃了，即使密封在玻璃管中，它也会在一天之内毁掉自己的四分之一。它自身可以产生热量，可以在一小时内融化一块与自重相当的冰。如果将它放在适宜的温度下，它的温度会逐渐超过室温；如果把它放在玻璃容器中，它会把玻璃变成紫红色或紫罗兰色；如果将它包裹在纸或棉绒中，它会腐蚀掉它们；如果没有蜡烛，它也可以提供足够的光线用来阅读。

最奇妙的是，镭从不吝啬自己的光芒，它把光传送给周边一切的事物，但这样的慷慨常常给对方带来不便。

镭似乎突然对人类事务也产生了兴趣。它为真正的钻石增添光泽，却对赝品嗤之以鼻。钻石买家可以使用它来测试产品的真伪。

可怜的玛丽发现，镭对她所有实验都造成了干扰，这让她很是头疼。任何物质，只要放在镭管附近，就会变得有放射性。镭向空气、灰尘、玛丽的衣服、乐器和笔记本展示了它的放射性。在玛丽死后很久，这些物件仍然保持着它们无法拒绝的光度。

科学家们向来喜欢颠覆自己的想法，所以当时镭的出现让他们很开心。奇怪的镭不仅会从自身中创建一个新元素，而且该新元素又会产生新的物质，依此类推。放射性元素是一种奇怪的群体，它的每个成员都是由其母物质转化创造而来的。但是，让科学家们震惊的远不止如此。他们还发现，每个放射性元素都会在一定的时间内损耗掉自己的一半，这个时间总是固定的，而且很漫长，所以我们根本不用担心它有一天会消失不见。铀损耗掉一半需要花费数十亿年，10亿年就是100万个100万年。做同样的事情，镭只需要1600年，而它的子元素只需要4天，其后代则只需要几秒钟。

也许你注视着镭，发现它安静地躺在那里，一动也不动。但是你要知道，在安静表象的背后，新的元素正在源源不断地产生，也在不断地消亡和相互碰撞。

突然之间，这个调皮的家伙好像还没玩够似的，又来了一场恶作剧。皮埃尔仍在专心探索，任由它辐射自己。他手上的皮肤变红了，但是没有疼痛感。只是越来越红，越来越红。终于在第20天，皮肤的表面结了一层痂，就像被普通的火烧过一样。接着出现了酸痛的症状。在疼痛的第42天，伤口开始在外缘愈合。

玛丽也未能幸免。她不想被灼伤，但是镭并没有放过她。虽然它被封在锡盒中的玻璃管里。

后来，他们的朋友贝克勒尔把一管镭装在夹克口袋里带回家。回到家时，发现自己被严重灼伤了。

"这个可恶的孩子！"皮埃尔对玛丽大呼道，"它为什么要灼伤我？我很爱它，但现在我对它有意见。"玛丽也对这个她深爱的孩子有些不满，因为她的手指尖非常疼，掉了一层皮。

但是很快，人们开始对镭产生了好感，因为它造成的灼伤恢复得非常好。医生们对它产生了极大的兴趣，猜想它可以烧掉病变的皮肤，而当烧伤痊愈后，疾病也就消失了。这给全世界带来巨大的希望，也许可以驯服顽皮的镭帮助人类消灭癌症。

无论如何，镭已经被证明是有用的，人们想要购买它。玛丽在 8 吨重的沥青铀矿中提取出了一克镭，这价值 30000 英镑，但她不打算出售。在有生之年，玛丽会将它视若珍宝，把它留在实验室里，作为多年来艰苦工作和伟大胜利的宝贵象征。

一个星期天的早晨，皮埃尔和玛丽在凯勒曼大道的家中坐着，邮递员送来了一封贴着美国邮票的信，收件人是皮埃尔。皮埃尔仔细阅读后将信叠好，放在了桌子上。

"我们需要谈一谈，"他说道，"他们想大规模生产镭，这是从美国水牛城寄来的信，希望我们提供有关镭的信息。"

"你觉得呢？"玛丽有些不耐烦。

"嗯，我们可以选择……，我们可以公开、坦率地描述我们所有的实验结果和提炼镭的方法……"

"当然。"玛丽微笑道。

"或者，"还没等玛丽接话，皮埃尔继续说道，"我们也可以以镭的主人、镭的发明者自居。如果这样做的话，在发布我们从沥青铀矿中提取镭的方法之前，我们需要申请专利，然后就可以从全世界的镭生产中获利。"

在皮埃尔说这番话时，二人都非常清楚，巨大的财富正在向他们招手。生产镭的专利会带给他们足够的钱，可以用来建立一个理想的实验室，还可以购买镭进行研究。他们在一贫如洗的时候发现了镭，如果他们有钱，他们能做的一定会更多！

玛丽思考了一会儿，说道："我们不能这样做，这与科学精神背道而驰。"

皮埃尔同意了，但他告诉玛丽要慎重考虑，因为一旦做出决定就无法再改变。他提醒玛丽想想他们梦寐以求的实验室和女儿的未来。她确定自己不想变得富有吗？

玛丽知道科学家们有古老的习俗，像巴斯德这样的科学家一直坚持遵循。她说："物理学家们总有许多研究成果，只是这一次机缘巧合，我们的发现具有金钱价值，但我们不能利用这样的机会牟利。镭将帮助病人。我觉得，从中寻求任何利润都是不合适的。"

皮埃尔再次表示了赞同，出售关于镭的知识与科学精神背道而驰。他在当天晚上就写了回信，给了美国人所有他们想要的信息。

就这样，没有一丝后悔，皮埃尔和玛丽永远放弃了可以让他们成为百万富翁的巨额财富。他们的镭不出售，科学精神将镭赐予了他们，他们就将镭与世界共享。无论世界沦落几何，科学精神永远屹立不倒，将所有知识无偿分享给所有人。变富有还是固守贫穷，这道选择题，玛丽和皮埃尔选择了后者。于是，夫妻二人又像往常一样，骑上自行车去了夏日的森林，为他们的房间采撷了许多野花。

第十四章

黑 暗

玛丽和皮埃尔声名鹊起。法国政府给他们颁发了奖项，英国方邀请他们前往。他们从法国给英国朋友开尔文勋爵带去了礼物，是一小块装在玻璃瓶中的镭。夫妇带着童稚，开心地向他们的科学家朋友们展示了这个神奇的小东西。皮埃尔当时正在皇家学院做关于镭的演讲，而玛丽将成为有史以来第一位受邀参与这个严肃而神圣的学术会议的女性。从未有过如此有趣的演讲！在这个庄严的会议中，皮埃尔让镭这个巫师在所有学识渊博的英国人面前表演了一段戏法。皇家学会为之着迷，整个伦敦都渴望一睹镭的父亲和母亲的风采。他们收到了许多宴会邀请。宴会上，贵族和富人佩戴着璀璨夺目的珍珠和钻石，可当他们见到玛丽时，顿时目瞪口呆。这位女科学家只穿着一件简单的黑色礼服赴宴，浑身上下没有一件珠宝，她的双手被酸性物质腐蚀得伤痕累累，也没有戴戒指。但是苗条的身材，睿智的脸庞，宽大白皙的额头，深邃的眼神让她在人群中与众不同。玛丽很喜欢周围的闪闪发光的珠宝，但是她有点惊讶，因为一贯对此无感的皮埃尔似乎很沉迷于眼前眼花缭乱的场面。

"这些珠宝太漂亮了,不是吗?"她问他,"我没想到世上还有如此可爱的东西。"

皮埃尔面带笑容。"你知道吗?"他说,"晚餐的时候,我闲来无聊,思考了一下用这些珠宝可以建造多少个实验室并配备好仪器!"

天哪!居里夫妇果然不一样。他们可以理解自身发光的物质,却不能理解反射光线的珠宝。当皇家学会向玛丽颁发戴维奖章,并颁发金牌时,他们甚至不知道该怎么处理它——只是将它作为一种完全安全且可咬的玩具送给了伊雷娜,伊雷娜爱不释手。

他们更不知道如何对待名声、人群、掌声和记者,这些东西只会让玛丽感到烦恼。

1903年12月10日,玛丽和亨利·贝克勒尔共同获得了诺贝尔奖。她是第一个在科学界获得此项表彰的女性,不过这并没有让她很兴奋。真正让她开心的是获得了科学家同僚对自己工作的认可,还有她终于有一些钱可以用了。但随之而来的还有名声,有来自陌生人的祝贺信,有人找她签名,有摄影师和记者邀请她做采访,玛丽烦透了这些东西。她曾写道:"我想把自己埋起来,好获得一点安宁。"

不管怎样,玛丽很享受花这笔钱的过程,花钱的方式显示了她的诚意和魅力。她把其中一部分存入银行,这样获得的利息可以用来雇一个人在实验室帮忙，皮埃尔也可以辞掉在物理学院的工作，有更多时间做研究。她给德鲁斯基夫妇在波兰建的疗养院捐赠了一大笔钱，给皮埃尔的兄弟和她自己的姐妹们送了礼物。她向科学社团交了会员费，还资助了一些需要帮助的波兰学生、她实验室的男助手和一个塞夫勒女孩。然后想起了一个曾经教过她法语的老师，她年纪很大了，住在波兰，她有一个可爱而不可能的白日梦——重回她魂牵梦萦的法国。玛丽给她写信，寄给她旅行途中需要的钱，并邀请她同住。收到这个巨大的惊喜，老妇人喜极而泣。最后，玛丽给了自己一份礼物——一个现代化的浴室，就在她凯勒曼大道的家里，以及一个贴好新壁纸的客厅。

但是！愚蠢的人类！他们非但没有筹集资金建立实验室，帮助居里夫人发现更多有关镭的信息，反而浪费玛丽的时间，在大街上围追堵截，迫使她在街上玩捉迷藏，几经辗转才能不受干扰地进入自己的房子。这些人在报纸上刊登了他们家庭生活的所有小细节，这都是居里夫妇不想让外人知道的，他们还记录了伊雷娜对保姆说的童言稚语，甚至连屋顶猫的颜色也不放过。玛丽大叫道："他们妨碍了我们的工作，我们的生活被荣誉和名声破坏了！"她是认真的，她很害羞，也很忙碌，但无知的人群给她造成了很大的困扰。有一次，居里夫妇正在与法国总统共进晚餐，一位女士走到玛丽面前，问她可否把她介绍给希腊国王。"我觉得没有这个必要。"玛丽轻柔地说，然后用不可抗拒的眼神抬头看着那位女士。那位女士感到非常惊讶,她可是总统的夫人卢贝特女士。"当然……,当然……,我会遵循你的意愿。"总统夫人结结巴巴地说道。对许多人来说,面见国王是一种荣幸,但对玛丽却不是。她很累,她还很年轻,她想要一个假期,一个愉快轻松的假期,让她可以做回一个普通的母亲和一个普通的妻子。玛丽希望伊雷娜的百日咳快点好起来,希望皮埃尔的病情不要太严重。除了20年前在波兰跳过舞之外,她的生活中便只有工作了。她从来没像现在这样想要休息,想要无所事事,好忘了自己是著名的居里夫人,变回纯粹的玛尼亚,然后吃好多好多草莓,呼呼大睡,什么也不想,什么也不做。

但是皮埃尔很着急,他有很多工作要做。他无法理解玛丽的度假精神,这简直太少女了,太不科学了。他告诉她,他们必须献身于科学,而她服从了。玛丽总是听从皮埃尔的话。但是她实在太疲惫了,疲惫到她都不想要肚子里的孩子艾芙了。"可怜的小东西,"她说道,"要生活在如此艰难的世界中。"仰慕者和追随者像猎人一般追赶着玛丽,带走了她的欢乐和勇气,这确实是一件残酷的事情。

玛丽爱她刚出世的孩子,而艾芙的出生也带给她一个月的假期,这是艾芙送给母亲的礼物。艾芙有着黑头发和蓝眼睛,与金发褐眼的伊雷娜截然不同。艾芙不愿意乖乖躺在摇篮里,有时会进行激烈的抗议。大部分的母亲可能会任孩子哭泣,但玛丽是个心软的人，她会心疼地抱起艾芙，然后温柔地哄她，直到她睡着。

就在艾芙出生之前，巴黎大学授予玛丽一份特权——在皮埃尔的实验室工作的特权。不过她一直就在那儿工作，只是突然之间，这所大学如梦初醒般地正式授予她这项权利。玛丽被任命为"物理学科负责人"，年薪96英镑。巴黎大学终于意识到，居里夫妇一直在一起工作，这是其他人很久以来就知道的。他们分享彼此所有的时间、想法和工作，仿佛他们是一个人。

1905年6月，皮埃尔和玛丽去了美丽的斯德哥尔摩，在那里，皮埃尔以两个人的名义发表了一场与诺贝尔奖相关的演讲。皮埃尔对瑞典赞不绝口，认为这是一个迷人的地方。瑞典是由湖泊和峡湾组成的，周围是一片干燥的土地，两人尽情享受着不被打扰的宁静和广阔的空间，感受到这个国度的友好与礼貌。

玛丽有时会和陌生人交朋友。曾经有一位名叫洛伊·富勒的美国芭蕾舞演员，她擅长用奇特的灯光使舞姿显得更加优美。她写信给玛丽，问她如何使用镭来照亮自己的蝴蝶翅膀。皮埃尔和玛丽被这个荒谬的主意逗笑了，但他们回信礼貌地解释了镭这个奇怪的东西。洛伊回信说，她只有一种方式感谢他们的来信——去他们家里给他们跳舞！居里夫妇接受了这种罕见的感谢方式。那天，居里家的门口出现了一个看上去很古怪的女孩，她的眼睛是非常淡的蓝色，身后还跟着一群电工。电工在居里家里忙活了一整天，把居里夫妇的餐厅变成了一个充满奇异灯光的仙境。洛伊跳着舞，不断变换着造型，一会儿是火焰，一会儿是花朵，一会儿又变成鸟儿，一会儿又变身女巫。

这个年轻的舞者和居里夫妇成为好朋友，居里夫妇还把她介绍给了自己的朋友——伟大的雕刻家罗丹。在罗丹的工作室里，在石膏模型和大理石之间，他们作为科学界、雕塑界和舞蹈界的代表，围坐在一起，彻夜长谈，直至天明。

不知不觉到了1906年4月。法国4月的骄阳下，紫罗兰竞相开放，花香四溢，紫色和白色的花朵交相辉映，给谢夫勒斯山谷的灌木林染上了颜色。玛丽和皮埃尔带着伊雷娜和艾芙正在度假。到了晚上，他们从农场取了牛奶。艾芙这个调皮鬼在干燥的车轮印中踉踉跄跄，逗得大家忍俊不禁。早晨，皮埃尔和玛丽骑着自行车在树林里搜寻花朵，还去了他们蜜月时去过的池塘。但是池塘已经干涸，睡莲也不见了，不过环绕着池塘四周的芦苇丛中盛开着黄色的小花，像一个明亮的皇冠。玛丽和皮埃尔漫步回家，从小路两边采集了紫罗兰和粉蓝色的长春花。

在另一天的中午，他们躺在阳光下，幻想着。伊雷娜正在用绿色的网捕捉蝴蝶，发出兴奋的尖叫声和欢笑声。

"生活对你不错，玛丽。"皮埃尔喃喃地说。

然后，在吃完晚饭后，他乘火车去巴黎工作，带着他们在池塘边采回的黄色毛茛花。第二天，玛丽也带着孩子们回到了巴黎。4月，如往常的4月一样，变得潮湿而寒冷。

1906年4月19日，也就是玛丽和孩子们回家后的第二天。那天下起了雨，道路泥泞，街道湿滑，乌云密布，黑暗吞噬了白天。因为皮埃尔在这座城市有好几场活动，假期结束后，玛丽不得不独自整顿房子，还有很多事情要去镇上处理。玛丽忙活了一整天，来来回回跑了好几趟。6点钟，她终于回到了自己的家门口，她很开心，想快点见到皮埃尔，跟他一起度过另一个研究科学的夜晚。

她打开了客厅的门。三个男人起身站起来，向她表示了深深的敬意，仿佛她曾经是皇后一样。在他们的眼中，玛丽读到了可怕的怜悯。她年迈的老师保罗·阿佩尔告诉她，皮埃尔在街上滑倒了，沉重的马拉货车从他的头上碾了过去。

"皮埃尔死了？……死了？真的死了？"她不敢相信。

艾芙长大后，记录了母亲的传奇一生。她告诉我们，当玛丽说出"皮埃尔·居里已逝"的那一刻，一份孤独与隐秘就吞噬了她。从4月的那一天起，孤独永远刻进了玛丽的骨髓，挥之不去。

第十五章
无论发生什么

玛丽生来勇气非凡。她一生的经历无不考验着她的勇气，她越来越坚强，越来越勇猛，永远不会被打倒。她和一个伟大的灵魂相爱过，而且她和皮埃尔有约在先，即使她的世界崩塌碎裂，也必须牢记并遵守承诺。"无论发生什么，"那一天，他们谈到了死亡，皮埃尔说道，"无论发生什么事情，即使精神已经死亡，只剩下空荡荡的躯壳，我们也有责任继续科学研究。"于是，玛丽不得不继续工作，这也许算是一种幸运。她拒绝了抚恤金，她说自己还年轻，可以赚钱养活自己和孩子。

她找到了一种奇怪的自我安慰的方式：用跟皮埃尔对话的形式写日记。这样的玛丽更让我们心疼。

亲爱的皮埃尔，他们让我接替你的职位，包括你的课程还有实验室。我接受了，我不知道我做的是对是错。你经常跟我说，希望我在索邦大学教授一门课程，而我也想把你的工作继续下去。在某些时候，我觉得这是我继续生活下去的最好方式；有些时候，我又觉得这种做法很愚蠢。

……

1906年5月7日：我的皮埃尔，我无时无刻不在想念你。我满脑子都是你，我已经失去理性了。我无法想象没有你的生活，也无法想象不能对你微笑的日子。两天前，树叶就抽芽了，花园里绿意盎然。今天早上，我带着孩子们一起欣赏了满园美景。你一定会感叹它们的美妙，还会带我去看盛开的长春花和水仙花……

5月14日：我想告诉你，他们已经提名我为索邦大学物理学院的院长，就是你先前的职位，居然有人愚蠢到向我表示祝贺。

不过玛丽还不至于跟一群傻子生气。

从来没有女性在索邦大学担任过院长。也就是说，还没有女性担任过任何一个学科的教学负责人。但是没有哪个法国男人能够接管皮埃尔的工作，所以这个重担自然落在了玛丽的肩上。所有在世的科学家中只有她有这种天赋。她不想让皮埃尔失望，决心认真准备每一堂课。玛丽把孩子们送到了乡下，自己则整个夏天都留在巴黎，根据皮埃尔的笔记继续他的事业。

玛丽需要换一间房子，她决定去皮埃尔长眠的索城生活。孩子们的祖父有点担心换到小房子之后,玛丽会不想继续跟他住在一起,但是他不敢问玛丽这个问题。玛丽也有些害怕,皮埃尔已经去世了,也许公公并不想跟儿媳住在一起。老人主动解决了这个棘手的问题,他说道:"现在皮埃尔已经不在了,玛丽,你没有义务和一个老人住在一起。我可以和我的长子一起生活,一切由你来决定。"

"不,您来决定。"玛丽小声说,"如果您走了,我会很伤心的,但是我希望您可以选择自己更喜欢的生活方式。"

"玛丽,我更喜欢永远和你们在一起。"

这一天终究来了,玛丽不得不再次走出家门,面对外界。每个人都以温柔和尊重对待她的悲伤,她也接受了自己是一个有名寡妇的事实。她知道新闻界要求索邦大学改变规则,让她在大圆形剧场讲课,以便成千上万的人可以听到第一位在索邦大学授课的女教授的演讲。她有些庆幸,因为索邦大学是地球上最保守的地方之一,不太可能打破常规。她听说很多时髦人士想要出席会议,他们正在热烈讨论着她会说些什么,她将如何提及她的丈夫,因为按照大学的习俗,每位新任院长都要称赞他的前任。按照惯例,还要感谢部长,感谢大学。就职演说那一天到来了,人群在等待,像猛禽一样随时准备扑上去。他们想听玛丽说出一番煽情的话,又或者是想看到她崩溃的样子。小小的露天教室挤满了人,推搡着真正来学习的学生,甚至把他们赶出了座位。

在震耳欲聋的掌声中,玛丽快步走进了讲堂。等人群稍微安静了一些,玛丽立马在皮埃尔离开的地方开始了高级物理学的讲座:"当我们回顾过去10年物理学取得的进步时,我们会惊讶于自己对电和物质认知的变化……"

听众的确感到惊讶,但不是因为电的发展,而是因为他们对某些事物的看法的改变。他们原本想去看一出戏,但是他们只看到了一个真诚且没有丝毫的矫饰的女人,她把科研看得比自己更重要。他们被感动了,眼泪夺眶而出。玛丽谈到了关于电的结构、原子的裂变和放射性物质的新理论。这场演讲完全是为学生准备的,演讲结束后,她迅速离开了大厅,和来时一样。

如果说她以前的工作很辛苦,那现在则变得更加辛苦了。玛丽必须思考如何培养两个女儿,要在实验室进行科学研究,还要在索邦大学讲课;她要收拾屋子,还要打理花园。除此之外,还有一项特殊工作要做。她通过某种方式,以皮埃尔的名义建立了一座实验室,这将是一座完美的实验室,是皮埃尔多年以来梦寐以求的。

艾芙和伊雷娜与她们蓝眼睛的祖父一起在索城的新房子里玩耍。祖父教伊雷娜植物学、自然历史和诗歌,帮她在花园里开垦了一小块地,种下了她想种的花。而艾芙则在草地上和她的宠物乌龟玩耍,或者与小黑猫和小花猫嬉戏。

玛丽每天很早就匆忙出门了,踩着她一贯迅速且忙碌的步伐,赶上去巴黎的火车，直到晚上灯火通明才回来。孩子们与母亲相处的时间并不多，但正是她计划了孩子们一天的日程。她们每天早上起床后要学习一个小时，伊雷娜喜欢数学，而艾芙喜欢音乐。学习结束之后，不论天气如何，她们都会去散步，然后去她们喜欢的体育馆。她们还会学习烹饪、铸模、缝制衣服和修剪花园，到了周末或节假日，她们就会跟母亲外出骑行或游泳。玛丽希望女儿们坚强无畏，不允许她们害怕黑暗、意外、攀爬、骑马、动物或其他任何事物，她们应该和法国人一样勇敢和大胆。她教孩子们波兰语，但是她不希望女儿经受自己曾有过的痛苦——觉得自己属于两个国家，而其中一个国家备受压迫。她只有一件事没有教女儿：与陌生人打交道和在派对上展示魅力的艺术。在那些事情上，玛丽也没有经验。

玛丽不希望自己的孩子过于劳累，法国的学校课时很长，有时在学校要上6个小时课，回到家还要做3个小时的作业。玛丽经常和她的大学朋友们谈论这个话题，他们决定将孩子聚在一起，自己来教。这是一个绝妙的主意。这些幸运的孩子们每天只要上一堂课，而且是由巴黎最伟大的专家们授课。第一天早晨，他们去了索邦大学的实验室，让·佩林教他们化学。"索邦大学还没有被炸毁，"报纸上说，"但是我们还有希望。"第二天，他们去了乡下，由保罗·朗格万教授数学；然后是跟随雕塑家玛格洛学习铸模；下一天是跟随现代语言与文学教授学习；到了周四下午，他们去了物理学院听玛丽·居里讲课。这些幸运的小家伙!

在这个神圣的科学殿堂里,从未上过如此简单的课程。他们让沾上墨水的自行车轴承滚珠在倾斜的白板上掉落,让孩子们目睹坠落的物体所形成的曲线。有时候,玛丽会故意问他们一些简单的问题,例如:"我该怎么做才能使锅里的液体保持热量?"

一个孩子说:"用羊毛裹起来。"

另一个建议说:"隔离它。"

"如果是我,"玛丽微笑着,"我会先盖上盖子。"

然而不幸的是,父母们忙于赚钱养家,没有时间给自己的孩子上课了。有趣的课程停止了,艾芙和伊雷娜去了学校,不过这所学校上课的时间并不像大多数学校那么长。后来,孩子们回忆说,小时候的这些课程让他们学会了热爱工作,看淡金钱,独立自主,也让他们相信自己可以克服任何困难。

在实验室里,玛丽取得了许多新的成功,其中有一个非常伟大的成果。在那之前,她只成功提炼出了镭盐。有一次,她和安德鲁·德比尔纳一起成功地分离出了纯的金属镭。他们只成功了一次,此后,他们自己和任何其他人都没有再成功过。

在1911年,玛丽被授予诺贝尔化学奖。在她之前,没有人获得过两次诺贝尔奖。

有人会以为,全世界会崇敬这个硕果累累的科学家,也会温柔地对待这个命途多舛的女人。但不幸的是,当人们听到某人非常成功或拥有非凡的美貌时，一种奇怪的疾病往往让他们妒火中烧。而玛丽兼有成功与美貌，突然之间，人们开始给她写匿名信，胡编乱造，指责她做了她想都没有想过的坏事。她的朋友们试图保护她，但是与躲在暗处的敌人战斗是很困难的。他们认为最好的保护是科学院接纳她为其中一员，给她一个公开的荣誉。这是她应得的，但是科学院尚无女性成员。骗子们想方设法阻碍选举，无所不用其极。他们甚至将一张假的选票交到玛丽的一个盲人朋友手中，让他看起来像是在反对玛丽。安常守故的科学院最终以一票之差否决了她。

这些谎言让玛丽感到非常不快。有一段时间，她不得不借用姐姐的名字来躲避敌人。她在明处，公开透明，而敌人躲在暗处，暗箭伤人。玛丽终于病倒了。这几乎摧毁了她一贯的勇气，但还没消失殆尽。她病得很重，痛苦至极。外科医生说手术可以消除她的痛苦，但她告诉医生，要等下一次物理会议结束后才能做手术。她的勇气还在！

生病的这段时间，玛丽面临着一个巨大的选择。她很累，不想去思考。波兰决定在华沙建立一个大型的放射性实验室，并邀请她担任负责人。她多么渴望接受邀请！多么好的机会啊！人们告诉她，波兰需要她，她的祖国越来越气馁，需要一些重新建立信心的契机。

在很久以前，玛丽就做出了选择，她深爱着波兰，但是她更爱皮埃尔。即使皮埃尔已经逝去，她依然深爱他。可波兰和皮埃尔仍然站在对立面，让玛丽左右为难。如果玛丽决定献身波兰，她将不得不放弃建立皮埃尔实验室的希望。没有她在法国，皮埃尔的梦想永远不会实现。她悲痛地拒绝了波兰。

但是波兰坚持认为，她可以远程指挥皮埃尔实验室的建设，然后来华沙参加新实验室的开幕式。那次访问使她激动不已。首先，她用波兰语发表了关于科学的演讲，这是她一生中第一次用母语发表科学演讲。其次，她在自己第一次进行物理实验的博物馆参加了这场盛大的仪式。最后，在波兰妇女为她准备的荣誉宴会上，她见到了自己第一所母校的年迈女校长。玛丽急忙穿过人群向老太太走去，在她的两颊上各亲了一下。这位老校长无疑会为自己"过去的女学生"成为全世界最著名的女人而感到高兴！

玛丽获得了一个假期，她打算背上帆布背包去瑞士徒步，顺便教艾芙和伊雷娜攀岩和正确对待裂缝的技巧。

还有一位朋友与她们同行，这位朋友正跟玛丽热烈地讨论着物理学，孩子们不得不一直照看他，以免他陷入裂缝。这位朋友跟母亲说了很多奇怪的话，孩子们非常惊讶，笑得忘乎所以，最后没有一个人顾得上裂缝。

"你看，夫人，"她们听到他说，"我需要知道的是：电梯在真空中跌落时，乘客到底会发生什么？"艾芙和伊雷娜觉得这个问题似乎很容易回答，也非常有趣。她们没有想到，她们正在听到的就是那个叫作"相对论"的令人费解的话题，因为这个粗心的朋友就是伟大的爱因斯坦。

那时候，玛丽又变得更加快乐了，因为皮埃尔的镭研究所正在皮埃尔·居里大街逐渐建设起来。鲁克斯博士，也就是巴斯德研究所的负责人，早在两年前就开始为居里夫人的实验室筹集资金了。索邦大学幡然醒悟，巴斯德研究所想从他们手中夺走居里夫人！为了防止这种灾难，他们同意与巴斯德研究所共同建设新的实验室。

玛丽非常高兴。她帮忙制订了建造计划，又与建筑师们讨论了所有房间和窗户的形状，她坚持要有巨大的窗户和充足的光线，还坚持要建一个花园。她在建筑物开始建造之前就亲手种下了树木和玫瑰，这样实验室建成时可以增添一些美感。

1914年7月，玛丽看到大门前的石碑上写着：

居里大街镭研究所

她告诉我们，她想到了巴斯德曾说过的话："如果你觉着这些科学成果对人类有益……如果你因自己的祖国曾参与其中而感到骄傲，那么我恳求你多多关注那个叫作实验室的神圣地方。想办法建立更多的实验室，在其中创造更多的辉煌。它们是未来的殿堂，是真正的财富和福祉的来源。人类在实验室成长、坚强、变优秀,在那里研究大自然的杰作,也是进步与和平的杰作。而人类自己的作品往往野蛮而具有破坏性。"

1914年7月,玛丽注视着竣工的皮埃尔镭研究所,脑海里思索着,回忆着巴斯德。实验室已经准备好了,但是玛丽还要等4年,4年的战争之后,她才能在镭研究所开始工作,皮埃尔的梦想才能成真。

第十六章
战　争

1914年8月1日

亲爱的艾芙,亲爱的伊雷娜,

情况似乎越来越糟了,我随时等候调遣,我不知道我是否能够离开。你们一定要保持冷静和勇敢。如果战争没有爆发,我星期一就能回去。如果战争爆发了,我会留在这里,然后再想办法尽快去接你们。伊雷娜,你和我都必须发挥作用。

8月2日

　　动员已经开始，德军在没有宣战的情况下直接进驻了法国。这段时间内可能很难收到信件了。

　　士兵们前仆后继走上前线，此刻的巴黎平静而深沉。

8月6日

　　勇敢的小比利时不允许德国不战而胜，他们进行了顽强抗争。每个法国人都坚信，这场战役尽管艰辛，但终将以胜利告终。

　　波兰已经被德军占领。他们一定会把我们的国家横扫一空，到时候还会剩下什么呢？我收不到关于家人的任何消息。

这是玛丽给在布列塔尼度假的孩子们写的信。

在巴黎，玛丽孑然一身，感到非常孤独。她所有的同事都去了战场，除了一位患有心脏疾病而无法加入的机械师。玛丽生病了，身体很虚弱，但她根本不在意，也没有想到她的工作将面临怎样的灾难。她没有和其他女人们一起去前线当护士，而是一如既往地进行了迅速而激烈的思考：她的工作能为战争做些什么？前线和后方的医院几乎都没有X光设备。没有这项神奇的新设备，外科医生就无法透过肌肉组织检查伤口，进而确定伤口深处的碎片所在的位置。X射线向来不是玛丽的研究对象，她只是对它们比较感兴趣，上过一些相关的课程。不过没关系，她会以最快的速度创建X射线站。玛丽只花了几个小时就列出了巴黎所有可用的X射线设备清单，并将其分发给了各个医院。然后，她罗列了所有可能会使用X射线的科学家，把他们派到了各个医院。

但是成千上万的伤员被救护车从前线送回了战地医院，他们会变成怎样呢？玛丽没有时间犹豫，时间就是一切。她向法国妇女联合会请求资金支援，并生产了第一辆"放射线车"。这是一辆普通的电动汽车，利用汽车上的发电机给X射线设备供电。在贫穷、破败但又风景秀丽的马恩省，这个流动的X射线站不知疲倦地穿梭在一个又一个医院之间，让这场伟大战役中受伤的士兵得到了快速的检查和安全的手术，不计其数的生命得以挽救。

但是在马恩河战役之前，德国人作战的地方距巴黎仅有几公里。他们会突破防线吗？他们会占领巴黎吗？玛丽应该怎么做？她的孩子在布列塔尼，她应该去找她们吗？当医疗队撤离巴黎时，她应该跟随医疗队一起撤退吗？不，无论发生什么事情，她都要留在巴黎。因为，正如她所说，"也许如果我守卫着皮埃尔·居里实验室的新大楼，德国人就不敢进攻。但是如果没有人守卫，他们肯定会把这里夷为平地。"顽强不屈的玛丽讨厌任何逃跑的想法，害怕就是给敌人可乘之机。她绝不会让敌人进入空无一人皮埃尔·居里研究所，绝不会让敌人得逞！如果玛丽不离开巴黎，她必须把那珍贵的一克镭送走，但除了她自己没人能护送它。

于是，她穿上了黑色的羊驼毛大衣，收拾了夜间需要的行李，带着一小盒非常沉重的铅，坐上了开往波尔多的火车。火车非常拥挤，玛丽蜷缩在木凳上，把装着镭的小盒子放在脚边。她向窗外眺望，望见了被9月的烈日炙烤着的田野，还有道路上川流不息的汽车和马车——它们正在逃亡，逃往西方。

火车到站了，波尔多位于遥远的西部海域。玛丽站在月台上，等了一个又一个小时，小铅盒仍然放在她的脚边，因为这对一个女人来说实在太重了，但又如此珍贵，绝不能丢失。没有搬运工，没有出租车，也没有卧室。她苦笑着，不知道是否要整夜站在这儿。但是最后，一个同行的旅客向她伸出了援手，那个同伴帮助她找到了床铺，帮她将镭安全地存放在了银行中。

第二天早上，她启程返回巴黎。前一天傍晚的时候，她还是众多逃亡的人群中毫不起眼的一个旅客，但是在早晨，她就被一群人团团围住，大家目不转睛地盯着她，觉得这是一个奇迹："那个女人又回来了！"回归的女人很高兴有机会告诉他们，她的研究所没有危险，巴黎不会倒下，巴黎的居民也会安然无恙。然而，那个女人饿了。从前一天晚上起，她就什么都没吃，她所乘坐的军用列车除了在田间短暂停留歇息，便一刻不停地驶向巴黎。一位友善的士兵从干粮袋中掏出一点面包分给了玛丽，玛丽非常感激。当她到达陷入危险的巴黎时，一个令人欣喜的消息传到了她耳边：法军在马恩河制服了敌人。

来不及休息片刻,玛丽又马不停蹄地赶到了"国家救援协会"总部,看看下一步该怎么做。

"躺下,夫人!"协会主席阿佩尔喊道,"快躺下休息。"她顺从地躺下了,但还是不忘讨论她下一步的工作。"她面色苍白,一双大眼睛炯炯有神,"阿佩尔说道,"她就像一团火焰。"

玛丽改装了许多"小居里"X射线车。她的两个孩子都在布列塔尼,但对法国士兵来说,她也是X射线汽车的母亲。小居里X射线车已经散布到各个战地医院,如果在战斗中受伤,士兵们很快就能与它们见面。玛丽在实验室将汽车一辆一辆组装好,然后从不情愿的官员那里要来了所需的物资。这个曾经胆小羞涩的女子为了她的"小居里",勇敢地与权势抗衡。她从一个人手里拿来"通行证",又从另一个人嘴里获取"密码",又借来签证,从富人那里借来金钱,从善良的人那里借来电动车。"我会把它们还回去的,"她说,"如果战争结束后,这些东西还在,我一定会物归原主的。"

玛丽给自己弄到了一辆大雷诺汽车,其实这辆车看起来更像卡车而不是汽车,然后开始了户外探险的生活。

玛丽巴黎家中的电话铃响了,一大车队的伤员需要一个X射线站。她出门走向雷诺,这辆车已经被漆成了灰色,上面还有一个大大的红十字标志。她仔细检查了仪器,等士兵司机把所有的设备都装上了车，就穿上带有红十字臂章的深色外套，戴上柔软但有些褪色的圆帽，拎着她陈旧泛黄的皮包，爬到驾驶员旁边的座位上。随后，这辆破旧的老爷车使出全身的力气全速前进。无论刮风还是下雨，无论白天还是黑夜，即使没有一丝光亮，玛丽都会义无反顾地深入战场。后来，这些地方以残酷的战争而闻名，它们是亚眠、伊普尔，还有凡尔登。

哨兵拦住他们，一番询问后，放他们通行。雷诺开到了医院。居里夫人选择了一个房间，把箱子搬了进去。然后她迅速将设备摆放在一起，而其他人则铺开了连接汽车发电机和设备的电缆。司机启动了汽车引擎，玛丽调试好电流。然后，她将每件东西摆放在正确的位置，戴上防护手套和眼镜，准备好了特制的铅笔和用于确定金属位置的铅丝。然后关上灯，拉上窗帘，如果没有窗帘的话就用床单遮住窗户，使房间尽可能变暗。同时，另一个房间也已经准备好，作为照相暗室。

从她到达之后半小时内，包括外科医生在内的一切都准备就绪。随后，担架排成了长龙，担架上的男人们痛苦不堪，一个接一个地涌进来。玛丽调试好仪器，外科医生开始检查，在骨骼和器官中寻找黑色的碎片。

有时，外科医生会指示助手记下金属碎片的位置，以便日后进行细致的手术。有时，外科医生会当场进行检查和手术，他把镊子伸进伤口中，在血肉和骨骼中找出碎裂的弹片。

一晃眼，数小时甚至数天都过去了。只要有伤员，玛丽就一直待在暗室里。在她离开医院之前，她已经计划好了要在这里安装永久性的 X 射线站。她东寻西觅，没过几天，就带着新的仪器和一位放射科专家回来了，没有人知道她是从哪里找来的。

就这样，她仅凭一己之力在各大医院建立了 200 个 X 射线站，并用她的 20 辆 X 射线车为超过 100 万的伤员提供了治疗。对于一个女人来说，这是一项壮举。

但玛丽也不是无所不能的。她开车时，出于安全考虑，身旁总会坐着一个经验丰富的老司机。有时候，她迫不得已独自开车，巨大的启动摇柄操作起来十分费劲。道路上覆盖着各种各样的碎片，一路下来车胎扎孔不超过两次时，玛丽就可以向自己表示祝贺了。在那个寒冷潮湿的战争年代，她经常用纤细的、被镭灼伤的手指更换车轮。有时，当她清洗一个不太熟悉的汽化器时，可能会看到她脸上浮现出典型的科学家式皱眉。有时，男人们在前线战斗时，玛丽还会化身搬运工，搬运沉重的箱子。

但是有一次她很生气！她的司机拐弯时速度太快，把汽车翻进了沟渠里，玛丽也被埋在一堆松松垮垮的箱子底下。玛丽并不关心自己，只是担心她的宝贝仪器受到损坏，这使她大为恼火。但是，当她听到这个年轻人一边在汽车周围跑来跑去，试图找到她，嘴里还一边焦急地问着"夫人，你死了吗？夫人，你死了吗？"时，她在一堆箱子底下哈哈大笑了起来。

玛丽经常忘记吃早餐和晚餐，也不挑睡觉的地方。如果有床，她就躺在床上睡觉；如果没有，就在露天的星空下睡觉。这一切对她来说很自然，年轻时她饱尝生活的辛酸，而现在她是一场伟大战役的战士！

但是军人的工作并不是玛丽的全部工作。只要她有时间，她就开始打包旧实验室里的仪器，搬到皮埃尔·居里研究所的新实验室。然后，她一一打开包裹，逐渐建立了新的科学家园。她又去了一趟波尔多，取回了她的那一克镭。她每周都从中"提取"放射性物质，并将其封闭在试管中，然后送去医院，以供使用。

随着X射线工作量的极大增加，需要大量的放射科医生。玛丽在新的镭研究所对他们进行了培训。其中一些人天生愚笨，很难教会，但玛丽用无限的耐心和同情心鼓励并帮助他们，直到他们也能成功地完成这项微妙的工作。在教学过程中，玛丽得到了伊雷娜的帮助，她才17岁。当时的伊雷娜还在索邦大学学习放射学，尽管她还很年轻，但她的母亲并不认为她不能在战地医院工作。

在两年的时间里，他们培训了150名放射科护士。

可玛丽觉得这些还不够，她又走访了比利时医院。有时到了一个陌生的医院，时髦的女护士们误以为这位衣衫褴褛的女人是个清洁工，颇有些不礼貌。不过玛丽一点儿也不介意。因为跟她在霍格斯塔德并肩工作的一位护士和一位沉默寡言的士兵使她感到了温暖和安慰，他们分别是女王伊丽莎白和比利时国王阿尔伯特。玛丽不再羞涩腼腆，不再沉默寡言，她用温柔的话语鼓舞受伤的士兵。她一再向因无知而恐惧的农民们解释，那些看起来奇怪的设备就像照相机一样，不会伤害他们。玛丽再次开心了起来。

她从不谈论自己，从不说累，也从不说自己害怕掉落在她周围的弹壳。她每天按部就班完成所有的工作，好像这是世界上最自然的事情。

但是她渴望和平，渴望一切的疯狂和残酷快些结束！对她和全世界来说，1918年的11月11日是最快乐的一天。那一刻，一声标志着停战协定的加农炮响彻天际，让正在实验室里的玛丽惊讶不已。她和助手梅尔·克莱因立马冲了出去，想去买一面象征着荣耀的旗帜。但是偌大的巴黎居然一面旗帜也没有！他们只好把三种颜色的布条缝制在一起。然后，玛丽开着那辆旧雷诺，加入了狂欢的人群，丝毫没有注意到车顶和两侧已经爬上了10位不速之客。

接下来的日子该有多欢乐呢？

对于玛丽来说，不仅法国摆脱了战争的恐惧，她的祖国波兰也一样。波兰终于独立了，波兰人民终于自由了。玛丽给弟弟写信道：

"就这样，我们'生于奴役，长于枷锁'的这一代人，终于迎来了祖国的复兴。"

第十七章
在家里

玛丽再次回到家中，那是坐落在塞纳河码头一侧的一间宽敞的老式公寓。塞纳河在巴黎市中心有两个岛屿：一个是西岱岛，是一个船形岛，也是巴黎最古老的地区，拥有许多美丽著名的建筑；另一个是圣路易岛，同样古老但更显孤独，玛丽就住在圣路易岛的贝休恩码头上。两个世纪以前，贝休恩大街居住的都是宫廷的公爵和贵族绅士。玛丽居住的公寓形状很不规则，到处都是走廊和台阶。她的房间很大很高，而且空荡荡的。她从来没有学会如何变富有，也没有学会如何让自己更舒服。偌大的空间里，只有几件红木家具立在光滑锃亮的地板上。有时候玛丽和伊雷娜冻得瑟瑟发抖，却都没有意识到房间的冰冷和空荡，只有艾芙会花自己的零花钱把自己的大书房装饰得舒适而优雅。不过家中有一个房间很漂亮，那就是玛丽的书房，里面摆放着整齐的书柜，墙上挂着皮埃尔的画像，桌上有插满鲜花的花瓶。所有的房间都有充足的光线，因为窗户很高，而且没有窗帘。当她们透过窗户向外望去，便能看见所有画家都在画的风景：阳光洒落在塞纳河上，映照着来来往往的客船和色彩斑斓的驳船，远处的巴黎圣母院依稀可见。

玛丽选择岛屿是因为它的寂静和安宁，但事实上，她的家中充满了喧闹声，不过她也不介意。艾芙的钢琴声此起彼伏，猫咪的叫声回荡在走廊上，一会儿门铃响了，一会儿电话声打破了寂静，一会儿又从塞纳河中传来拖船刺耳的汽笛声。

每天早上8点，玛丽迅速而有力的脚步就会提醒伊雷娜和艾芙，忙碌的一天已经开始了。接下来的16年中，每日如此：8:45，汽车喇叭发出三声鸣笛声，告诉玛丽，她的小车已经到达门口。她急忙拿起帽子和外套，迅速跑下楼，因为她从来没有想过要让司机等超过3分钟。刚开始，她让研究所的杂务工开车去接她，可当她准备换一个固定的司机时，这个可怜的男人竟然难过得哭了。他们途经图尔内勒大桥，又穿过繁忙的码头，到达了拉丁区。最早的时候，这里居住着无忧无虑的学生们，他们贫穷却快乐，而如今，这里高楼林立，许多尖端研究所都在这里驻扎。

到了皮埃尔·居里大街，玛丽走到了镭研究所的入口处，大厅里有许多人。每天早晨，大厅里都会挤满一群人。各个院系的学生总是赶在玛丽开始工作前问她问题，以免打断她的工作。他们要么有一个特别的问题要问她，要么想给她展示一些东西，又或者希望玛丽一夜之间又想出了一个可以让他们研究的新问题。玛丽通常不会让大家失望。"哦，某某先生，你的解决方案行不通，但是我可以给你一些建议……"玛丽解决了一个又一个难题，人群越来越多，每个人都怀揣着自己的问题。玛丽并不担心问题有多难，只是学生们不太准确的法语和英语给问题增加了难度。研究所是一座巴别塔，汇聚着东方和西方的语言。玛丽讲述了她的中国学生用英语与她交谈的故事：他很有礼貌，即使他知道老师错了，也不会直接反驳，而是引导老师发现问题所在。玛丽说，在东方学生面前，她为自己的言行举止感到羞愧，"他们比我们文明得多"。

大厅里的会话经常没完没了，玛丽不得不找地方坐下来，而且因为没有椅子，所以只能坐在台阶上。想到她蹲在最低的台阶上，昂起头教高个子的学生，这真是一幅迷人的画面。她是实验室的负责人，她已经阅读了所有与镭有关的书籍，涉及五种语言，她仍在发明新技术。玛丽似乎在靠魔法工作，她的学生完全可以信任她的指导。她既大胆又谨慎。

学生终于一个个散开，去做各自的实验了，有的学生可能还会拉着玛丽去看他的实验成果。最后，玛丽终于解放了，可以回实验室去做自己的工作了。

中午玛丽走回家去吃午饭，在餐桌上都不忘与伊雷娜讨论物理。坐在一旁的艾芙一头雾水。她的母亲和姐姐在讨论原形的BB和方形的BB，但是法语中，BB的发音和"婴儿"一样，艾芙很纳闷原始形态的婴儿和方形的婴儿到底是什么样子的。

在 1926 年，伊雷娜嫁给了一位年轻有为的科学家，他叫约里奥。餐桌上只剩下了玛丽和艾芙。

"亲爱的，快跟我说说你的事情。"玛丽说，"你们都在做什么？"艾芙会和母亲谈天说地，玛丽都很感兴趣，尤其是一些简单幼稚的事情。玛丽喜欢听艾芙说她开车有多快，伊雷娜的宝宝说了些什么，还有人们对新法西斯主义拥护者的看法。

"啊！"如果有人赞扬独裁者，玛丽就会说："我从小就生活在压迫之下，而你没有。你不明白生活在一个自由的国家有多幸福。"如果有人支持政府处决叛乱分子，她会说："把像拉瓦锡这样的科学家送上断头台？我想不出来这有任何意义。"

午餐后，汽车又来接她。她可能会去花卉市场买一些普通的花园花卉，如果有野生花卉她也会买一些，因为她从来不喜欢温室里的娇弱花朵。有时候，她会去卢森堡公园和一个非常重要的人物约会，那个人就是她的小孙女海伦。她会坐下来和她一起用沙子做馅饼，直到是时候去参加下午医学研究院的会议了。在会上，玛丽是唯一的女性，她的座位就在她的朋友鲁博士旁边，鲁博士是巴斯德最忠实的门徒。

会议结束后，玛丽回到实验室，如果没有特别的事情，就一直工作到晚餐时间。但有时如果实验需要，她会工作到凌晨 2 点。

有时候，为了庆祝某些学生顺利拿到博士学位，严肃的实验室也会举办一些轻松的茶会。这时候，科学实验用的玻璃杯变成了大家手中的茶杯，玻璃棒也被用作了汤匙，最后晚会会在玛丽祝贺这些新晋博士的致辞中结束。所有的茶会中，有两次是玛丽最喜欢的，一次是庆祝伊雷娜获得博士学位，另一次是庆祝伊雷娜的丈夫弗雷德里克·约里奥取得博士学位。1934年，这对科学伉俪取得了巨大的发现，他们发现了人工放射性物质。他们用镭射线轰击铝箔和其他物质，并将它们转变成了新的放射性物质，此前这些物质从未被发现过，现在这些物质成为提取镭的新来源。科学家欣喜不已，也许很快就能制造出某种物质替代珍贵的镭的工作了。这将是一件多么奇妙的事情！穿过花园，在镭研究所对面的那栋建筑物里，镭正在帮助人们治疗癌症，这种疗法就是著名的居里疗法。镭如此重要，却如此稀有！

然后，无数的信件涌来。想一想大人物收到的来信吧！幸好有一位秘书帮他们拆开了这成千上万封信。有不管三七二十一，直接讨要签名的，当然他们不会收到回信；有提出愚蠢的问题的；有广告商的；还有乞丐的。在这堆积如山的信件中，真正需要回信的只有一两封。

玛丽还需要给学生们授课，但这是她讨厌的事情。每周星期一和星期三，她要从早晨一口气忙到下午5点，这让她身心疲惫。因为她不得不站在小圆形教室里，给30名学生授课。

那些年，她受到了失明的威胁。医生告诉她，在手术前，她必须先忍受两到三年几乎失明的生活。他们可能没有想过这对玛丽意味着什么。她想继续工作，讨厌别人同情的目光。无论如何，她不希望其他人知道她的眼疾。艾芙只好以卡雷夫人之名，在眼科医生那里给母亲预订眼镜。如果有学生的论文需要批改，她就让学生把论文拿过来，然后巧妙地提问和回答，这样就能摸清楚学生到底写了什么。她想到了各种巧妙的手段来掩饰自己的不幸，而那些猜中的人也都装作什么都不知道。真是太贴心了！经过四次手术后，玛丽需要重新训练她的眼睛。但眼睛已经大不如前了，不过玛丽的勇气还在。在她的坚持下，视力逐渐好转。

让我们看看玛丽的日常生活吧。她和艾芙共进晚餐后，艾芙要出门，疲惫的玛丽躺在沙发上，看着女儿换衣服。"可怕的高跟鞋，艾芙！女人们为什么要踩着高跷走路呢？"

"露背装？这又是什么新潮流？露前面我还可以接受，但是露后背我就有点不能理解了！不过当然了，裙子还是很好看的。转过身，让我看看你有多漂亮。"玛丽一脸惊讶地看着女儿，"我对这些涂涂抹抹没有任何的异议，一直以来就有人这么做。古埃及的女人们甚至发明了更糟的东西。我只想说一件事：我觉得这难看极了，你对自己的眉毛太过分了，嘴唇也涂得不像样。"

"但是，妈妈，我觉得这样好看多了。"

"好看多了！好吧，那我只能每天早上赶在你把这些可怕的东西涂在脸上之前，去亲吻你的小脸蛋了。"

艾芙出门后，玛丽坐在扶手椅上，开始读一首小诗或者看几页她最喜欢的小说，但不会超过一个小时。地板是她的地盘——她有足够空间在身边摊开她所有的物理论文，然后开始研究，直到凌晨两点。

等艾芙回到家，会发现母亲正在全神贯注地工作，根本没有注意到女儿回来了。玛丽一边计算，嘴里一边用波兰语念着，就像她过去在学校所做的那样。

第十八章
在国外

那是1920年5月,骄阳似火。巴黎所有的栗子花都盛开了,玛丽像往常一样工作。但有一个事件即将打断她的工作,这是她始料未及的最令人惊讶的事件。

玛丽很少见新闻界的男人,女人就更少了。她讨厌接受采访,讨厌曝光。她打印出许多整齐的小纸条,如果有陌生人想见她,她就会用小纸条礼貌而坚定地表达自己的态度:"非常抱歉,居里夫人恕不接待……"

但是居住在美国的爱尔兰人有时能用一种奇怪的方式,找到一套合适的、不可抗拒的说辞。有一位麦隆内夫人写信给玛丽道:"我的医生父亲经常说,人类如此渺小,不得自夸。但是20年来,您在我眼中一直十分伟大。夫人,我想见见您,只要几分钟就行。"那意思就是说:"可以让一只小猫咪面见女王吗?"玛丽打破了自己的规则,回答道:"好的。"

于是,那个5月的早晨,麦隆内夫人在镭研究所的小小等候室里等待着与玛丽见面。关于这次会面,她描述道:

"门开了,我看见一位面容苍白、面带羞涩的女士走了进来,这是我见过的最悲伤的脸庞。她穿着黑色棉质连衣裙,美丽温柔的面庞看起来十分淡然,像众多的学识渊博的人一样。突然,我觉得自己是一个入侵者,我变得比居里夫人还羞涩。我从事职业记者已有二十余年,却无法向这个毫无防备的穿着黑色连衣裙的女士提出一个简单的问题。"

玛丽主动谈论美国和镭,让记者放松了下来。她告诉麦隆内夫人,美国有50克镭,她确切地知道每个城市有多少克镭。

"法国有多少呢?"麦隆内夫人问。

"我的实验室里只有一克多一点。"

"你只有一克镭吗?"

"我吗?我什么都没有,这一克属于我的实验室。"

然后,麦隆内夫人开始谈论专利。她说,如果申请专利,每当有人使用她提炼镭的方法,她就能收取一笔费用,这样就能获取大量的财富。

"镭不应该成为任何人致富的手段，"玛丽说道，"它是一种元素，它属于全人类。"

那时，麦隆内夫人深切地感受到，全世界欠玛丽一份礼物，以回报她为这个世界所做的一切。她说："如果您可以从全世界选择一件您想拥有的东西，您会选什么呢？"

玛丽犹豫了片刻，"我需要，"她说，"一克镭，以继续我的研究。但是我买不起，它的价格太贵了。"

听到这里，麦隆内夫人觉得美国应该送给居里夫人一克镭。她回到家，试图说服10位富有的女士每人捐赠3000英镑，但最后她只找到了3个。她放弃了说服少数富人，转而向多数的穷人求助。美国所有的女性都应该团结起来，一起准备送给玛丽的这份礼物。不到一年后，她写信给玛丽："我们有钱了，那一克镭是您的了！"

整个美国都对这次募捐感到非常兴奋。很快，所有的人都听说了居里夫人的镭基金，每个人都想一睹居里夫人的芳容。但是玛丽讨厌人群，她不想去，但她从未得到过如此可爱的礼物。她还是开始找借口，比如她无法与女儿分开，但这难不倒热情好客的美国人，他们一并邀请了居里夫人和女儿，并告诉她，总统将亲自向她捐赠这一克镭。

于是，玛丽、伊雷娜和艾芙把所有衣服塞进行李箱，坐上了奥林匹克号游轮最豪华的客舱，启航前往美国。法国也在歌剧院举行了盛大演出，给她们送行，最著名的演员萨拉·贝恩哈特和吉瑞斯也参加了演出。只有大西洋对这位科学家不太友好，海面阴郁，波涛汹涌，让玛丽开始怀念家乡阳光普照的蓝色海洋。

奥林匹克号停靠后，同行的麦隆内夫人带着玛丽走出了船舱，开始接受美国正式的欢迎。只有那些亲身经历过的人才能想象到人们的热情和喜悦。人群足足等待了5个小时，只为了向这位他们称之为"人类的恩人"的女士致敬。那是一个夏天，蔚蓝的天空下，高耸着白色的摩天大楼。码头上挥舞着五颜六色的旗帜，有波兰国旗、法国国旗和美国国旗。学生们，女向导们，还有300名在美波兰女性代表，在玛丽的面前挥舞着红色和白色的玫瑰。玛丽端端正正地坐在上层甲板的扶手椅上，像一个乖巧的孩子。麦隆内夫人拿走了她的帽子和手提包，给她摆好姿势，方便摄影师拍照。"头往右偏一点，居里夫人……再往这边来一点……"

美国热烈地欢迎玛丽。美国人决心让世界看到，科学家才是最伟大的人类。他们的内心为玛丽对纯粹科学的热爱、对名利的淡泊和为全人类服务的信念深深触动。

他们极尽所能地欢迎玛丽，不放过任何一种方式。他们想邀请玛丽到美国的各个地方，却忘记了这个大国如此幅员辽阔。他们为玛丽举办宴会，邀请多达500名宾客，却忘记了这需要耗费大量的时间。他们给玛丽授予了一大堆荣誉头衔，却忘记了她在自己的国家早已谢绝了所有荣誉。他们邀请玛丽参加大学的典礼，却惊讶地发现她竟然没有帽子和礼服。他们特意给玛丽献上了精心培育的鲜花，却忘记了她偏爱野生的花朵。爱常常是这样的，尽管玛丽很累，但能理解大家的好意。她唯一不能忍受的是他们为她量身制作的大学礼服，这太华丽了，而且是用丝绸做的。玛丽不能穿丝绸制品，因为丝绸会弄疼她被镭灼伤的手指。

玛丽首先参观了女子大学。她每到一处，穿着白色衣服的女孩们就会把道路围得水泄不通，或者从田野里成群结队地跑过来迎接她的马车。在白色的人群上空，飘扬着彩色的旗帜。在纽约举行的一次大型聚会上，女大学生们在她面前排了长队，一一向她鞠躬并献上法国百合和美国玫瑰。在另一次和大使与官员的聚会上，她被授予了"纽约自由女神"的称号。自玛丽之后，最著名的波兰人是帕德雷夫斯基。很久以前，当他还是个穷困潦倒的钢琴家时，玛丽曾用掌声给予他鼓励。

接下来就是万众期待的盛典：镭的捐赠仪式。

华盛顿白宫筹备了这场仪式。美国总统和各界政要都将在这里接见玛丽，但镭却没有出现。镭如此珍贵，不能将它随意放在桌子上，又如此危险，可能会伤到总统。所以，仪式期间，东边房间桌子上摆放着的是一个装有仿制镭的试管，是镭的替代品。而真正的镭，正安全地存放在工厂里呢。

凌晨4点，双开门被开启，游行队伍开始进入，玛丽挽着哈丁总统的手臂出现在众人面前。

总统在致辞中提到，玛丽不仅是一位伟大的科学家，还是一位尽职尽责的妻子和母亲。她不仅像男性一样完成了日常的工作，还完成了作为一位女性的职责。

演讲结束后，总统给了玛丽一张卷好的羊皮纸，是一张赠予证书，然后将一枚小小的金钥匙挂在了她的脖子上，这把钥匙可以打开装有真正的镭的小箱子。然后，玛丽在一间蓝色的房间里坐下，看着宾客们排成长队，一一和伊雷娜和艾芙握手，因为她自己太累了。

就这样，玛丽拥有了一克镭！太不容易了。仪式前夕，麦隆内夫人向她展示了赠予证书，尽管到了深夜，玛丽还是坚持要请律师将这一克镭合法地赠予她的实验室。麦隆内夫人建议一周之后再做，玛丽却大叫道："我今晚可能会死！"从那天晚上起，这一克镭就变成了实验室的所有物，而玛丽只能用它进行研究。

除此之外，还有其他的参观和活动。美国非常内疚让自己的客人这么疲倦，想尽各种办法减轻她的疲劳。有时候，他们安排玛丽在目的地的前一站下车，很快激动的人群就发现了这一点，马上又有一个车队来追赶她。有时候，玛丽不得不从火车车窗跳出去，然后穿过铁轨，但这非常不安全。有时候伊雷娜和艾芙会担任母亲的替身，当严肃的教授对16岁的艾芙谈到她的"伟大发现"和"她一生的劳动"时，她们一点也笑不出来。

在美国的波兰同胞在芝加哥为玛丽举行了庆典，玛丽亲临现场。对他们来说,玛丽象征着他们遥远的出生地,她的胜利就是波兰人的胜利。在场的不论男女,无不欢欣喜悦,脸上挂满了欢乐的泪水,试图亲吻她的脚和裙摆。

到了6月底,她继续搭乘奥林匹克号客轮航行回家。镭被放在轮船的保险箱里,上了好几道锁。但是在她的信中,她对镭只字不提,而是写到了她内心的一丝喜悦,因为她为法国和波兰赢得了更多的美国友谊。

美国人对玛丽的欢迎使她知道了她对世界的意义。她意识到她的名字,她的存在可以帮助她关心和爱护的事物。因此,她开始更多地旅行,并参与各种仪式和会议。全世界都知道了玛丽的名字。她访问了南美、西班牙、英格兰和当时的捷克斯洛伐克。甚至在她从未踏足过的中国,她的画像也与佛陀和玉帝并肩摆放在庙宇中。

在每一次的旅行中,她很高兴能看到新奇的事物。她喜欢从水中一跃而起,在空中飞舞的鱼;没有影子的赤道使她感到迷惑不解;她爱上了在陌生地方遇见的奇特而古老的野花。

但是,除了这些她喜爱并看得到的东西之外,她还有许多热爱并为之奋斗的东西。像其他为人类服务的人一样,她讨厌战争。在战争中,为了捍卫自己的国家,她愿意做一个士兵。在和平年代,她也渴望做一些事情以防止战争。她拒绝抽出做科学研究的时间去加入社团,但有一个例外,她接受了国际联盟理事会的邀请,成为其中一员。在这里,男人和女人共同协作,他们群策群力,试图寻求使不同国家共同协作的方法。该协会被称为"国际智力合作委员会"。玛丽不只是嘴上说说,她开始努力做实事。其中一项是帮助科学界人士使用相同的科学术语,她列出世界各地所有科学书籍和科学发现的完整列表,这样学生们在选择研究方向时就知道哪些工作是已经完成的了。

接下来,玛丽想要制定一个方案,帮助世界上任何国家因为太穷而无法开发天赋的科学天才。她认为,丢弃一个天才是可怕的浪费。她竭尽全力帮助建立一个有更多的自由、和平与科学的世界。现在,巴黎的镭研究所已经开始工作了,玛丽决定在华沙建立另一个镭研究所。她的姐姐布洛妮亚在波兰发起号召。很快,全波兰都贴满了标语,所有的邮局售出的邮票都贴有玛丽的照片,明信片邀请所有人"一人一块砖,帮助建立玛丽·斯科洛多夫斯基研究所",玛丽写道:"我最热切的愿望就是在华沙建造一个镭研究所"。

1925年,玛丽去了华沙,见证了镭研究所的成立。共和国总理奠定了第一块砖头,玛丽奠定了第二块砖头。总理笑着问她,是否还记得他贫穷时借给自己的旅行枕头。她回答:"是的,您忘了归还它。"她还记得,从舞台上称赞她的那位著名演员正是柯塔宾斯基先生,玛尼亚曾为他献上一顶野花做的花环。

但是镭研究所里居然没有镭,这真是一件奇怪的事情。麦隆内夫人不得不再次说服美国给玛丽捐赠一克镭，然后玛丽又去了纽约，那一次访问的目的是以波兰的名义感谢美国。她住在白宫，发现里面满是大象，大的、小的、白的，实在太有趣了。作为送别的礼物，她得到了两只大象，一只是乳白色的小象，另一只是看不见的大象。大象是执政党的徽章。带着她的两个礼物和镭，玛丽回到了华沙，在研究所开始了治病救人的工作。

就像她还是小女孩时所做的那样，她在巨大的维斯瓦河上徘徊并写道：

"河流蜿蜒，宽阔而舒缓，近处是灰色，远处则是天堂般的蓝色。可爱的沙洲散布在各处，在阳光下闪闪发光，任性地改变了河流的流向。在这些河岸的边缘，更明亮的光带告诉我们水深逐渐变深。我喜欢在这些光彩照人的壮丽河岸漫步……有一首歌说：'这片波兰水域如此迷人，只要爱上它，便会永远爱着它。'对我来说，这是真的。这条伟大的河流莫名地迷人。"

第十九章
度 假

在布列塔尼，有这样一个地方。上千个小岛阻挡了大西洋的喧嚣，所以海面十分平静，粉色的花岗岩峭壁和岩石不断被澄澈的蓝色海水冲击。在岩石的低洼处，有一处叫作拉尔库斯特的地方，这里坐落着许多渔民的房舍，甚至算不上是一个村庄，只是渔民的聚居地。布列塔尼的渔妇出门时都会戴上宽帽檐的白色帽子，以防风吹日晒。

在高高的荒野上，有一所小房子在任何时候都清晰可见，仿佛是一座灯塔，这就是玛丽的度假小屋。房屋虽小，却能将景色一览无余。在拉尔库斯特，没有人知道玛丽。村庄的"国王"是个矮小的驼背老人，戴着眼镜，一直笑眯眯的。他住的"宫殿"是一栋长长矮矮的平房，爬山虎一直从地面爬到了屋顶，紫红色的花朵点缀其中，令旅行者赏心悦目。这座宫殿坐落在果园里，被称为"塔申－维汉"，在布列塔尼语中意为"小果园"。宫殿的大门总是敞开着，除非刮起了东风。老国王所有的臣民——玛丽、伊雷娜、艾芙、弗雷德里克·约里奥、孩子们、婴儿们、科学家们、作家们，还有所有爱戴他的人整日与他相伴，一同欢笑。虽然他是众所周知的查尔斯·赛诺博斯，是有史以来最有学问的历史学家之一，但是大家都与他亲密无间。是他最早发现了拉尔库斯特，然后每年夏天，最有智慧、最博学的巴黎人都会去那里度假。

每天早晨，玛丽都戴着一顶褪色的亚麻帽子，穿着一条旧裙子和黑色双排扣外套，踩着一双凉鞋。这是拉尔库斯特人的典型穿着，像渔民和渔妇一样。然后，她会沿着一条陡峭的小路，从她的荒野小屋走下来，一直走到鲜花盛开的塔申花园。

"早上好，居里夫人。"赛诺博斯问候道。

"早上好！"大约15个人一同回答道。他们躺在草丛或花丛中，穿着奇装异服，看起来像是一群吉卜赛人。

玛丽把背包放在地上，坐在旁边。像其他地方一样，拉尔库斯特也有社会分级，但分级的方式与大多数村庄都不同。地位最低的被称为非利士人，他们是不属于拉尔库斯特的陌生人。在非利士人之上的是"大象"，你可能刚刚认识他们，他们是朋友，但不幸的是，这些人不适应航海，在海上不如在陆地上舒服。他们是被同情的对象，但有进步的机会。在大象之上，是备受尊敬的水手们，再往上，是遥不可及、受众人顶礼膜拜的"鳄鱼"。他们熟知所有的海洋艺术，不仅会游泳，而且可以在最猛烈的海浪中"爬行"，熟练操纵船帆和桨。玛丽从没当过非利士人，也没有奢望成为鳄鱼。她起初是大象，后来成为水手。

随着赛诺博斯一声令下，水手们解开了停泊在码头上的两艘帆船和六艘划艇，还有几艘小船，然后划到了岩石栈桥边上。

"上船！上船！"赛诺博斯指挥道。"我在船尾划桨，居里夫人在船头，佩林和波莱尔在中间，还有弗朗西斯，你负责掌舵。"

所有的船员都是教授。因为有一个人划得太用力了，白绿相间的小船一直在原地打转。舵手提醒他的划桨手："船头的桨没跟上。"玛丽满脸通红，急忙调整了自己的划桨节奏。海水在阳光下荡漾，水手们唱道：

三个小男孩驶向小岛！
一路欢歌笑语，好不快活
小岛张开臂膀，迎接这三个小男孩。

第三首歌曲唱罢，是时候换桨了，因为需要更强的划桨手才能将船驶过湍急的水流，到达罗什福莱斯。罗什福莱斯是一个紫罗兰色的荒岛，拉尔库斯特人喜欢在此沐浴。至于更衣室，男人们和棕色的海鸥共享海岸，女人们则有一个铺着柔软绿草的岩石房间。

玛丽率先跳进了清澈的海水中。虽然她还不能像鳄鱼一样在海浪中爬行，但她也算是个游泳健将。在水中，她仿佛重返青春了,她的白发被隐藏在帽子下,没人能看到她的皱纹。她的肢体纤细苗条,动作优雅敏捷,她为自己的泳技感到自豪。玛丽对伊雷娜喊道:"我游得比波莱尔好多了。"毫不恭维的伊雷娜如实回答道:"当然了,好得多,妈妈。根本没有可比性。"

游泳后,玛丽开始晒日光浴,吃了一块酥脆的小面包。"生活真美好,"她喃喃地说,"不是吗?"没有人感叹拉尔库斯特的美丽,居里夫人也没有。拉尔库斯特是世界上最美丽的地方,每个人都知道这一点,因此无须多言。

中午时分,伴着船员的歌声,小船驶回家中。玛丽光着脚丫,光着腿,手里拎着她的凉鞋,提起裙摆,穿过了黑色的泥滩,到达了岸边。海岸上,白色的海鸥若无其事地安静坐在人群中。

一行人回到各自家中用午餐,大多数人两点钟又会回到塔申,乘坐"野玫瑰"游艇出海航行。游艇和小船都属于赛诺博斯,但他喜欢和朋友们共享他的财产。玛丽没有坐游艇,她觉得坐在游艇上有些无聊。她会在家里修改科学论文,或者拿起铁锹、叉子和剪枝钳,开始搞园艺。意外时有发生,芦苇和荆棘割破了她的手,意想不到的石头扭伤了她的脚踝,锤子一不小心砸到了自己的手指,但她对这些小事毫不在意。6点钟的时候,她会再去游一会儿泳,然后去塔申陪伴最年迈的老妇人,和她一起等待野玫瑰号的归来。在晚餐前,野玫瑰号会披着晚霞归来,船帆在夕阳中被染成了金色。欢乐的船员们回到了塔申,女孩们的头上戴着好看的康乃馨,这是每天赛诺博斯都会从花园里采下来送给她们的礼物。

晚餐后,每个人又回到了大门常开的塔申。有时候他们会玩游戏,一些简单的游戏,例如造字游戏或者猜字游戏。有时候会举行舞会,他们用手风琴演奏老式的舞蹈音乐,每个人都一起跳舞——无论是科学家还是农民,无论是仆人还是主人。

有时,在一个晴朗的夜晚,玛丽会与伊雷娜和艾芙手拉着手,去到漆黑的海边,沿着神秘曲折的小径在黑暗中散步。突然一阵海风吹来,传来了海浪拍打礁石的钝响声,这使玛丽想起了她的镭,它也如大海一般迷人而又危险。拉尔库斯特离潘波勒很近,但拉尔库斯特人整日在充满阳光的大海里玩耍,潘波勒人却是冰岛的渔民，他们最了解大海的黑暗和危险。

每年假期，玛丽都在波光粼粼的清澈海水中嬉戏玩耍。工作时，她与镭一同玩耍。她呼吸着它的光芒，它烧伤了她的手，因为她不屑穿上她为其他人准备的铅防护服。镭对玛丽的血液做了一些奇怪而神秘的事情，连法国最伟大的医生都束手无策。

直到一个夏日，那是1934年7月4日，玛丽·居里在桑赛罗莫山区死于一种未知的疾病。医生猜想，她死于对她的伟大发现——镭的过分友好。

图书在版编目（CIP）数据

居里夫人的故事 /（英）埃莉诺·杜尔利著；易乐文译. — 北京：中国青年出版社，2021.11

（新时代青少年成长文库）

ISBN 978-7-5153-6530-5

Ⅰ. ①居… Ⅱ. ①埃… ②易… Ⅲ. ①居里夫人（Curie, Marie 1867-1934）—传记—青少年读物 Ⅳ. ① K835.656.13-49

中国版本图书馆CIP数据核字（2021）第214833号

责任编辑：彭岩　刘晓宇

*

中国青年出版社 出版 发行

社址：北京东四十二条21号　邮政编码：100708

网址：www.cyp.com.cn

编辑部电话：（010）57350407　门市部电话：（010）57350370

北京科信印刷有限公司印刷　新华书店经销

*

880×1230　1/32　6.25印张　130千字

2021年11月北京第1版　2021年11月北京第1次印刷

定价：38.00元

本书如有印装质量问题，请凭购书发票与质检部联系调换

联系电话：（010）57350337